BILDER VON
LUTHER

HARALD BIRCK ZEICHNUNGEN UND PLASTIKEN

Herausgegeben von Andreas Pitz

edition ⊹ chrismon

Inhalt

Einführung

Harald Birck, bildender Künstler aus Berlin, hat 2010 eine Lutherstatue aus Bronze für das Lutherhotel in Wittenberg geschaffen. Im Umfeld dieser Arbeit fand er mehr und mehr Freude daran, sich mit unterschiedlichsten künstlerischen Ausdrucksmitteln dem Menschen Martin Luther zu nähern. Dafür nutzte er nicht nur historische Vorbilder, sondern es standen ihm auch leibhaftige Menschen Modell. Entstanden ist ein einzigartiges und umfängliches Oeuvre, das seinesgleichen sucht.

Zusammengehalten werden die Skizzen, Porträtstudien und Skulpturen des Künstlers durch Texte von teils sehr prominenten, teils weniger bekannten Zeitgenossen, die den berühmten Reformator und sein Wirken aus verschiedenen Perspektiven in den Blick nehmen. Diese Zusammenstellung von Bild und Text unterstreicht die Faszination von Bircks Werk und vermittelt den Ausstellungsbesuchern und Lesern Wissenswertes wie Vergnügliches, Hochpolitisches wie Alltägliches rund um Luther.

Einige der abgebildeten Kunstwerke sowie Textauszüge sollen im Rahmen einer bundesweiten Wanderausstellung einer breiten Öffentlichkeit zugänglich gemacht werden und somit dazu beitragen, den Menschen Martin Luther neu in den Blick zu nehmen und sein Wirken besser zu begreifen. Träger dieser Wanderausstellung ist dankenswerterweise die Martin Luther Stiftung Ruhr. Aktuelle Informationen zur Wanderausstellung finden Sie unter: www.lutherforum-ruhr.de

Andreas Pitz

Lebendiger Luther

Im Jahr 2009 erhielt ich den Auftrag, eine gut zwei Meter große Bronzestatue des Reformators für das Lutherhotel in Wittenberg zu schaffen.

Ein Jahr Vorarbeit war sehr kurz, um sich mit dieser komplexen und inspirierenden Gestalt zu beschäftigen. Mir war gleich klar, dass ich der überhöhten, verklärenden historischen Lutherdarstellung des 19. Jahrhunderts nicht folgen würde, obwohl der König der Lutherdenkmäler, der Schadow'sche Luther, mir gut gefällt.

„Mein" Luther sollte ein Mensch werden: leidend, kraftvoll, stolz, sinnlich, verletzlich, handelnd, hadernd ... eben lebendig.

Für diese Arbeit suchte ich einen „Hauptdarsteller", ein Modell, das Verletzlichkeit und gleichzeitig Kraft ausdrückt.

Ein Freund, der die passende Statur besaß und sich zu dieser Zeit in einer schwierigen Lebenssituation befand, war dann der richtige Mann unter der nachgeschneiderten Lutherkappe.

So wie sich Haltung, Gesicht und Beigaben (Bibel, Blatt, Kappe ...) durch eine Vielzahl von Maquetten und Zeichnungen entwickelten, so blieb kurz vor der Fertigstellung auch das Blatt, das der Reformator den Betrachtern entgegenstreckt, leer – frei für Gedanken und Inhalte bzw. Assoziationen.

Nachdem die Bronzestatue im Dezember 2010 im Lutherhotel Wittenberg ihren Platz gefunden hatte und der Auftrag beendet war, ließ mich Luther nicht mehr los. Ein mehr und mehr spielerischer Umgang mit seiner Gestalt und den bildnerischen Mitteln nahm seinen Fortgang und hat letztlich auch zur Entstehung dieses Buches geführt.

Ich danke den Freunden, Auftraggebern sowie dem Herausgeber Andreas Pitz, der edition chrismon, dem Vorsitzenden der Martin Luther Stiftung Ruhr, Dr. Martin Grimm, und besonders den Modellen für ihre Mitwirkung.

Harald Birck

Grußwort

„Der Mensch, das Augenwesen, braucht das Bild". Dieser Auffassung ist nicht nur Leonardo da Vinci, sondern auch der Reformator Martin Luther. Bilder transportieren eine Vielzahl von Botschaften und bleiben länger im Gedächtnis als das geschriebene Wort. Eine Errungenschaft, die der Reformation eine nachhaltige Wirkung in allen Lebensbereichen bescherte. Für Martin Luther war das bildlich-symbolische Evangelium von zentraler Bedeutung, um die Vorstellungen seiner neuartigen Glaubenslehre zu verbreiten. Er eröffnete damit den Gläubigen ohne Lese- und Rechtschreibkenntnisse im alltäglichen Umgang mit dem Glauben den leichteren Zugang zur Bibel. Ausgangspunkt dafür war die Veröffentlichung der Thesen am 31. Oktober 1517 in Wittenberg.

Bis heute hat die Reformation das religiöse Leben, aber auch die kulturelle Entwicklung in Musik, Kunst und Literatur in Europa und der Welt entschieden mitgeprägt. Die bildgewaltige Sprache der Reformation hat zudem die Entwicklung eines Menschenbildes gefördert, das von einem neuen christlichen Freiheitsbegriff maßgeblich beeinflusst wurde und zur Ausbildung von Eigenverantwortlichkeit und Gewissensentscheidung des Einzelnen führte. Diese Entwicklung setzte sich in der Aufklärung fort und führte schließlich zur historischen Entwicklung unseres heutigen Demokratieverständnisses und der Menschenrechte.

Neben der Möglichkeit als Kommunikationsmedium zu taugen, bieten Bilder und Kunst die Chance, persönlicher Vorstellungskraft und Phantasie einen Ausdruck zu verleihen. Bilder ermöglichen auch ein Abbild, als Ausdruck einer kritischen Reflexion und Würdigung von Glauben und Persönlichkeit, zu entwerfen. Dies hat auch Harald Birck zum Anlass genommen, um sich anhand vielseitiger künstlerischer Ausdrucksformen der Person Martin Luther zu nähern und ein Abbild zu kreieren. Ich freue mich, dass die Gäste der Lutherstadt Wittenberg bereits seit 2010 eine künstlerische Interpretation von Harald Birck in Form einer Lutherstatue aus Bronze im Lutherhotel empfängt. Der künstlerische Beitrag des renommierten Bildhauers ergänzt und verknüpft die authentischen und historischen Orte von Luther und seiner engsten Weggefährten, Melanchthon und Cranach, mit neuzeitlicher Auseinandersetzung. Ganz in diesem Geiste der globalen Bedeutung Luthers und der Reformation unterstützt der Bildband von Andreas Pitz und des Verlages edition chrismon die Ausstellung von Herrn Harald Birck.

Ich wünsche allen Betrachtern anregende Momente und Zeit für eine künstlerische Reflexion. Darüber hinaus bin ich gespannt auf die dann folgenden nationalen und internationalen Reaktionen und Rückmeldungen. Ich bin mir sicher, der Bildband ist ein gutes Aushängeschild für Herrn Birck und alle deutschen Lutherstädte.

Torsten Zugehör

Wir sind's noch nicht, wir werden's aber
Einführung

»Das Leben ist nicht ein Frommsein, sondern ein Frommwerden, nicht eine Gesundheit, sondern ein Gesundwerden, nicht ein Sein, sondern ein Werden, nicht eine Ruhe, sondern eine Übung. Wir sind's noch nicht, wir werden's aber. Es ist noch nicht getan oder geschehen, es ist aber im Gang und im Schwang. Es ist nicht das Ende, aber es ist der Weg. Es glüht und glänzt noch nicht alles, es reinigt sich aber alles.«

Wer den Luther-Skulpturen von Harald Birck begegnet, kommt eigentlich nicht umhin, an dieses berühmte Luther-Zitat zu denken. Der Reformator, der nichts anderes sein will als ein Reformator: einer, der die Dinge im Prozess hält.

Luther wollte keine neue Kirche, die fortan neben der alten stehen würde. Luther wollte die alte Kirche verändern, damit sie bleiben kann, was sie ist: „ecclesia semper reformanda" – eine reformbedürftige Kirche, die sich nicht genügen lässt an ihrer äußeren Form, sondern sich von innen her immer wieder neu durchformt – in der Hoffnung, dass

darin etwas Bleibendes sichtbar werde. Sollte das mit den Bildern – zumal mit den Bildern des Reformators – anders sein?

Wir meinen ja nur zu gut zu wissen, wie Luther aussah: Der junge Augustinermönch mit Tonsur und Kutte, der gelehrte Luther mit Doktorhut, der vogelfreie Junker Jörg mit Bart und krauser Stirn, der Ehemann im Doppelbildnis mit seiner Frau Katharina, der gravitätische Reformator im schwarzen Gelehrtenkittel mit der Bibel in der Hand.

Die Bilder haben sich – dank Lucas Cranach und seiner Werkstatt – tief in unser kulturelles Gedächtnis eingeprägt und uns – wie Markenlogos – ein Lutherbild hinterlassen: Luther, der Klarsichtige, Luther, der Gelehrte, Luther, der Durchsetzungswillige, Luther, der Aufrechte – „Hier stehe ich und kann nicht anders!" Er kann wirklich nicht anders, weil wir Luther immer schon zu kennen meinen.

Gut, dass es Künstler wie Harald Birck gibt, die unserer Vorstellungs-

kraft auf die Sprünge helfen und den alten Luther wieder in Bewegung setzen: Luther, der Niedergeschlagene, Luther, der Gutherzige, Luther, der Zerbrechliche, Luther, der Tintenteufel ... – Harald Birck lässt uns an einer Suchbewegung in Bronze, Ton und Papier teilhaben und führt uns dabei weit über unsere Sehgewohnheiten hinaus: Hier scheint man den Reformator noch zu kennen. Dort wieder nicht. Es gibt einzelne Porträts, die würde man mangels physischer Ähnlichkeit und ikonographischer Erkennungszeichen gar nicht als Lutherbilder identifizieren. Nur im Kontext lassen sie den Reformator erahnen.

Die unterschiedlichsten Menschen haben Harald Birck Modell gestanden: Schauspieler, Passanten, Künstler, Obdachlose ... – Der eine spielte den Luther. Der andere blieb, wer er war. Harald Birck hat Erfahrung mit Porträts von Menschen mit Lebenserfahrung: Immer wieder hat er Menschen aus allen Bereichen der Gesellschaft modelliert: alte Menschen, Obdachlose, Pflegebedürftige, Prominente ... – Immer auf der Suche nach dem, was unverwechselbar ist, nach dem, was ihre innere Würde jenseits der Statussymbole ausmacht. Über fünfhundert Porträts sind auf diese Weise allein mit Blick auf Martin Luther entstanden.

Es gibt eine Bildkritik, die über die Variation funktioniert. Denn immer da, wo sich auch nur zwei Varianten ein und derselben Person begeg-nen, da stellt sich die Frage nach dem ‚richtigen‘ Bild – und wo sich diese nicht entscheiden lässt, bleibt jedes einzelne Bild fraglich. Und als solches lebendig, sofern in der Zusammenschau beider das Auge beweglich und die Figuren selbst in Bewegung bleiben. – Gerade diese Variabilität erzeugt eine Bildkraft, welche die Vorstellungskraft nicht arretiert, sondern im Gegenteil frei-setzt: „Wir sind's noch nicht, wir werden's aber. Es ist noch nicht getan oder geschehen, es ist aber im Gang und im Schwang. Es ist nicht das Ende, aber es ist der Weg. Es glüht und glänzt noch nicht alles, es reinigt sich aber alles."

Hannes Langbein

Luthers Freiheit

Martin Luther war eine faszinierende Persönlichkeit. Wer die Luther-Charakterköpfe, die Harald Birck im Laufe der Jahre geformt hat, auf sich wirken lässt, gewinnt einen sinnlichen Eindruck davon. Man gerät immer wieder ins Staunen über die Vielschichtigkeit von Luthers Wirken. Er war eben nicht nur Reformator und theologischer Denker. Er war zudem Seelsorger, Lehrer und – in seinen Katechismen – Schulbuchschreiber. Er war Sprachschöpfer, Liederdichter, Politikberater und in seiner Kapitalismuskritik scharfzüngiger Wirtschaftsethiker. Und er war natürlich Impulsgeber für die Kirche, die sich nach ihm die „lutherische Kirche" genannt hat. Gerade, wenn man in dieser Tradition zu Hause ist, lohnt es, Luther selbst dazu zu hören:

Erstens – sagt er – „bitte ich, man wolle von meinem Namen schweigen und sich nicht lutherisch, sondern einen Christen nennen. Was ist Luther? Ist doch die Lehre nicht mein! Ebenso bin ich auch für niemanden gekreuzigt. St. Paulus, I. Kor. 3,4, wollte nicht leiden, dass die Christen sich paulisch oder petrisch hießen, sondern Christen. Wie käme denn ich armer stinkender Madensack dazu, dass man die Kinder Christi dürfte nach meinem nichtswürdigen Namen nennen? Nicht so, liebe Freunde! Laßt uns tilgen die parteiischen Namen und uns Christen heißen, nach Christus, dessen Lehre wir haben." Wer ein kraftvolles Plädoyer gegen lutherischen Konfessionalismus und für einen weiten ökumenischen Horizont sucht, der muss nur Luther selbst lesen.

Luther hat nie ein Blatt vor den Mund genommen. Diplomatische Sprache war seine Sache nicht. Deswegen ist es eine solche Freude, seine Texte heute im Original zu lesen. Nicht bei allen ist das so. Es gibt auch Texte, bei denen uns das Grausen kommt. Zutiefst menschenfeindliche Texte, Aufrufe zur Vertreibung von Juden. Sie stehen allem entgegen, was Luther sonst über die Liebe sagt, die uns Gott ins Herz gibt und es so voll macht, dass die Liebe überfließt zum Nächsten.

Ungewollt eindringliche Zeugnisse sind diese Texte für das, was Luther selbst immer wieder unter dem Stichwort „Sünde" beschrieben hat: Der Mensch ist „verkrümmt in sich selbst". Er verschließt sich gegenüber Gott und dem Nächsten.

Gott allein ist es, der ihn da raus-
holt – allein aus Gnade, allein aus
Glauben und für uns verstehbar allein aus der Schrift.

So befreit wird der Mensch indes-
sen zum Anwalt der Liebe und des
Lebens. Luther hat das im Hinblick
auf zahllose Felder des Lebens im
persönlichen und im politischen
Bereich beschrieben. Man staunt
immer wieder, wie aktuell seine
Worte sind. Gegenüber der sozial
rücksichtslosen Wirtschaftspraxis
der damals immer mächtiger wer-
denden multinationalen Wirtschafts-
unternehmen, wie etwa der Fugger,
betont Luther: „Könige und Fürsten
sollten hier drein sehen und dem
nach strengem Recht wehren. Aber
ich höre, sie haben Anteil daran und
es geht nach dem Spruch Jesaja 1,23:
‚Deine Fürsten sind der Diebe Ge-
sellen geworden.' Dieweil lassen sie
Diebe hängen, die einen Gulden oder
einen halben gestohlen haben, und

machen Geschäfte mit denen, die alle Welt berauben und mehr stehlen, als alle anderen, damit ja das Sprichwort wahr bleibe: Große Diebe hängen die kleinen Diebe, und wie der römische Ratsherr Cato sprach: Kleine Diebe liegen im (Schuld)turm und Stock, aber öffentliche Diebe gehen in Gold und Seide." Wer heute gegenüber den Multis so redete, würde wohl eine Beleidigungsklage riskieren.

Aber so ist Luther. Langeweile verbreitet er bestimmt nicht. Und streitbar ist er immer. Leidenschaftlich im Irrtum, aber eben auch leidenschaftlich in der Wahrheit. Darüber, was Irrtum ist und was Wahrheit, müssen wir schon selbst ein Urteil gewinnen. Aber seine Authentizität zwingt uns genau dazu.

Derselbe Mann, so hat Heinrich Heine 1835 schön formuliert, „der wie ein Fischweib schimpfen konnte, der konnte auch weich sein wie eine zarte Jungfrau. Er war manchmal wild wie der Sturm, der die Eiche entwurzelt, dann war er wieder sanft wie ein Zephir, der mit Veilchen kost. Er ... konnte sich ganz versenken ins reine Geisttum; und dennoch kannte er sehr gut die Herrlichkeiten dieser Erde und wußte sie zu schätzen, und aus seinem Munde erblühte der famose Wahlspruch ‚Wer nicht liebt Wein, Weiber und Gesang, der bleibt ein Narr sein Leben lang.'" Und dann fügt Heine in der schwülstigen Sprache seiner Zeit hinzu: „Ewiger Ruhm dem teuren Manne, dem wir die Rettung unserer edelsten Güter verdanken und von dessen Wohltaten wir noch heut leben!"

Etwas weniger schwülstig füge ich hinzu: Die Welt wäre ohne diesen Martin Luther unendlich ärmer geblieben.

Heinrich Bedford-Strohm

Vor uns, nicht hinter uns

Es ist nicht so einfach, mit „unserem Luther" geschichtsgerecht umzugehen. Was hat man alles aus ihm gemacht im Lauf der Geschichte des Protestantismus? Er war der große Reformator gegen den römischen Papismus, er war der Deutsche, der die deutsche Sprache entwickelt hat, er war der theologische und politische Felsen im Kampf gegen Schwärmer- und Täufertum und gegen jeden Revolutionismus. Er war aber auch der Anwalt des Obrigkeitsstaates und der patriarchalisch-hierarchischen Gesellschaftsordnung, er war der Erzieher für frommes Untertanenbewusstsein, er machte den Krieg zu einem guten Werk, er lehrte leiden ohne zu klagen.

Diesen Luther konnten die gut gebrauchen, die die politische Macht in der Hand hatten. Man konnte ihn zum Vorbild monarchistischer Obrigkeitssysteme machen, zum Anwalt autoritärer und auch totalitärer Systeme. Man konnte die lutherische Fahne schwingen gegen alle Ansätze einer geistigen Emanzipation im Sinne der philosophischen und politischen Aufklärung, gegen demokratisches Denken und gegen Rechtsgleichheit. Man konnte ihn zum Bannerträger des Antisemitismus und des völkischen Nationalismus machen. Im Laufe der letzten Jahrhunderte hat man ihn permanent zu einem für die eigenen Interessen und Ziele verwertbaren Zeugen stilisiert. Man zitierte aus seinem umfangreichen Schrifttum jeweils die Stellen, die man für die eigene zeitgenössische Position gebrauchen konnte. Es machte sich immer gut, Luther auf seiner Seite zu haben. Niemand ist in der deutschen Geschichte so schamlos interessengeleitet ausgebeutet worden wie Luther.

Natürlich hat es auch immer wieder Bemühungen gegeben, Luther im Kontext seiner Zeit zu verstehen und ihn in erster Linie als Theologen vorzustellen. Aber auch hier wurde er häufig genug vereinnahmt zur Stützung der eigenen Theologie und der eigenen Kirchenpolitik. Noch ein Grundlagentext des Rates der EKD „Rechtfertigung und Freiheit. 500 Jahre Reformation 2017" macht aus meiner Sicht den problematischen Versuch, Luther zu systematisieren und für heutige Probleme fruchtbar zu machen. Aber es wird bei aller Gelehrsamkeit wieder ein stilisierter Luther, den man nun den Zeitgenossen anbieten will. Man ist immer noch auf der Suche nach „dem Luther für uns". Aber den gibt es nicht. Dem an dem Reformator Interessierten sollte man empfehlen, nicht in erster Linie Zeitungsaufsätze, Broschüren und dicke Bücher über ihn zu lesen und sich durch sie

das Lutherbild bestimmen zu lassen, sondern sich der Mühe zu unterziehen – wenn man kann –, einzelne Lutherschriften, Briefe und Tischreden selbst zu lesen. Es gibt viele Ausgaben „Luther deutsch", in die man sich vertiefen kann. Man muss nicht vorrangig über Luther lesen, sondern im Lesen seiner Texte Luther selbst erleben, wie er Fragen von Zeitgenossen aufnimmt und deren Probleme dialogisch durchreflektiert, um zu einer verantwortbaren Entscheidung zu kommen. Statt sich von der „Freiheit eines Christenmenschen" erzählen zu lassen, sollte man zur sorgfältigen Lektüre seiner Freiheitsdenkschrift übergehen. Um seine Ethik des Politischen zu verstehen, sollte man einige seiner Grundschriften durcharbeiten, um die umlaufenden Klischees oder Halbwahrheiten über ihn selbst zu entlarven. Es macht sogar Freude, sich von seiner Sprache faszinieren zu lassen und

hinter seine Methode zu kommen, wie er immer problemorientiert mit dem Stoff dieser Welt umgeht, um in ihn die Kriterien der evangelischen Botschaft einzuspielen, wie er die Gewissen der Verantwortlichen unterrichtet und sie in die Freiheit ihrer weltlichen Verantwortung entlässt.

Wer so verfährt, bleibt neugierig auf Luther und kann auf die vielen „Lutherbilder" verzichten. So kann es zur eigenen lebendigen Begegnung mit ihm kommen und so haben wir ihn immer vor uns, nicht hinter uns!

Günter Brakelmann

52–55: Aufgrund eines Ablassbriefes ist kein Heil zu erwarten.

Experimenteller Tintenfasswurf auf der Wartburg

Man hört, dass puristische Entmythologisierer des Denkmalschutzes beschlossen hätten, im Lutherzimmer auf der Wartburg nicht mehr jene Zeichen an der Wand zu restaurieren, die herkömmlich als Verweis auf Luthers Abwehr der Versuchungen teuflischen Opportunismus und höllischer Verzweiflung durch einen Wurf mit dem Tintenfass gedeutet wurden.

Wir wollen den Einwänden der Denkmalpfleger gegen die volkstümliche Legendenbildung durchaus Rechnung tragen, indem wir an Ort und Stelle die Kritik durch historische Wahrheit mit dem populären Evidenzerleben in einer künstlerischen Aktion auf höherem Niveau versöhnen.

Wir baten um die Möglichkeit, im Lutherzimmer unter Wahrung aller konservatorischen Sicherheitsstandards, den hypothetischen Tintenfasswurf Luthers experimentell in verschiedensten Varianten nachzuvollziehen und dem Publikum das Resultat des Experiments in jeweiligen Unikaten im Museumsshop anzubieten. Das Ganze wurde ein Paradebeispiel für die wissenschaftliche Kritik am naiv-populären Evidenzerleben durch die künstlerische Kraft zur Evidenzerzeugung durch Evidenzkritik.

Diese Kurzfassung unsrer Geburtstagsaktion für Luther am 10. November 2009 bedarf einiger Erläuterungen: Wie schlägt man zum Beispiel die psychologische Brücke von der Volksmythologie zur positiven Wissenschaft? Beiden Seiten erweist man die Ehre, wenn man sich klar macht, dass der Übersetzer Luther gerade den Geist der biblischen Schrift aus dem Gefängnis seiner unzugänglichen Sprachlichkeit befreien wollte. Dafür entwickelte er den genialen Gedanken, die theologischen Begriffe aus der Differenz der Wortbedeutungen im Aramäischen, Hebräischen, Griechischen und Lateinischen zu erschließen. Die Bedeutung des Wortes offenbart sich gerade in der Unterschiedlichkeit seiner sprachlichen Fixierungen. Deshalb musste Luther Begriffsschöpfungen des Deutschen entwickeln, die nie zuvor gebraucht worden waren. Luther umging das Problem der fundamentalistischen Eindeutigkeit der Wortbedeutungen, das heißt der Versteinerung des Sinns in der Eineindeutigkeit, durch poetische Verschränkung von sprachlichem Ausdruck und innerer Anschauung.

Jedem Künstler oder alltäglichen Liebesbriefschreiber ist klar, wie schwer es ist, den Geist der Botschaft gegen die immer gegebene Beschränktheit der Worte und Zeichen zu behaupten. Nur zu gerne möchte man drohenden Missverständnissen

entgehen, indem man jedem Brief oder Bild den Appell vorauseilen lässt, man habe es nicht so gemeint, sondern irgendwie ganz anders. Aber jeder Versuch, es dann ganz anders zu sagen, fordert wiederum den Vorbehalt heraus, man möge nicht am Buchstaben kleben, sondern das tatsächlich Gemeinte jenseits der Buchstäblichkeit zu erspüren trachten.

Es ist ja alltagspsychologisch jedermann als Erfahrung gegenwärtig, dass einen die Verzweiflung packen kann über die scheinbare Borniertheit der Adressaten, partout das Gesagte ganz anders verstehen zu wollen, als man es gemeint hat. Der „Tintenfasswurf" kennzeichnet demnach die exzessive Reaktion auf die eigene Unfähigkeit, den Geist der Texte, gar als Gesetze, über die schriftliche Fixierung hinaus zu wahren. Jeder kann nachempfinden, dass der sich quälende Schreiber Tabula rasa machen will, indem er alles vom Tische fegt, um ganz von vorne zu beginnen.

Luthers Tintenfasswurf muss demnach als explosive seitliche Wegwischbewegung des Tintenhörnchens vorgestellt werden. Wobei die schwärzliche Tinte gerade die teuflische Versuchung markiert, sich mit der bloßen Fixierung der Bedeutung im Wort auf dem Papier zufrieden zu geben. Man unterliegt sozusagen der Versuchung, den Kerker der Buchstäblichkeit zu akzeptieren und unter der Qual der Schreibarbeit den heiligen, alle materielle Physik der Zeichengebung übersteigenden Geist zu verraten, um endlich dem ewigen Hin und Her der Abwägungen, des Zweifels und der voraussehbaren, aber unvermeidlichen Missverständnisse zu entgehen. Noch Goethes „Faust" – ein veritabler Imitator

Luthers – lässt uns diese Panik in der Verfehlung des Sinns nachempfinden, wenn Faust in seiner Studierstube analog zu Luther versucht, das griechische Wort „Logos" sinnstiftend ins Deutsche zu übersetzen.

Seit dem 14. Jahrhundert versuchen bildende Künstler, das geschilderte Problem zu umgehen, indem sie von vornherein mit Bildzeichen operieren, die einerseits das sind, was sie materiell-physisch zu sein scheinen. Und andererseits über sich selbst hinaus verweisen auf die Welt jenseits der Zeichen, also auf die Sphäre des Lebens und des Geistes. Hätte Luther die teuflische Qual umgehen können, indem er seine Bibelübersetzung in Malereien fixiert hätte, als Bilder der inneren Gesichte, die bei Nennung von Worten oder Begriffen unvermeidlich in jedem Hörenden entstehen? Luther also in Wahrheit ein bildender Künstler?

Die Reformation also eine Erweiterung des Zeichenbegriffs? Statt der buchstäblichen Einheit von Zeichen und Bedeutung entdeckte der Reformator die geist- und sinnstiftende Differenz von Bezeichnendem und Bezeichnetem – der reformatorische Geist also als Dynamo der Kommunikation über Vieldeutigkeit, Mehrwertigkeit, Doppelsinn und Hintersinn? Die Entdeckung der Bedeutung als das, was zwischen den Zeilen gesagt werden kann? Die Reformation also als Befreiung des Geistes aus den Fesseln der Dogmatik? Jawohl, so war es. Die lutherische Auffassung von Erkenntnisstiftung durch Übersetzungstätigkeit hat für so viele bildende Künstler zwischen Dürer und Michelangelo, zwischen reduktionistischer less is more-Pathetik des Minimalismus und der Konzeptkunst – nur der Geist zählt, nicht das materielle Substrat –, bis hin zu der grundsätzlichen Frage der Neurowissenschaften, ob es nichtverkörperten Geist geben kann, so große Fruchtbarkeit entwickelt. Wer sich darüberhinaus kunst- und kulturgeschichtlich informieren möchte, tut das am besten durch Beschäftigung mit Werner Hofmanns Publikation von 1983, „Luther und die Folgen für die Kunst".

Bazon Brock

35

Vom Zweifler zum Zerrer zum Störer

Es ist ein langer Weg. Langer Weg? Fällt dir nichts Besseres ein, du Gack, du Wurst, du Langeweiler? Lange Weiler! Eine Weile auf dem langen Weg. Wer Sprache schreiben will und möchte, dass sie sprich-wörtlich ist, muss schreiben, wie er spricht. Und dann sprechen irgendwann andere, wie er schreibt. Ein langer Weg. Aber kurzweilig.

Ich hätte gerne miterlebt, wie dieser Intellektuelle da oben auf der Wartburg hockte, sich quälte, während er die richtigen deutschen Worte wählte, um die Heilige Schrift ins unheilige Deutsch der kleinen Leute zu übersetzen. Un-Heil drohte. Von allen Seiten.

Den Priestern konnte nicht gefallen, dass einer aus ihren Reihen ihren Beruf relativierte. Wo kommen wir denn da hin! Alle Glaubenden, alle Getauften Priester! Unglaublich!

Ich kann's nicht glauben, dass ein Durchgeweihter so etwas macht! Anstatt sich von klugen und erfahrenen kirchlich geprüften Fachleuten die Gebrauchsanweisung für die Evangelien erklären zu lassen, von Leuten mit Führer-Schein also und zum Teil sogar mit Heiligen-Schein, schauen die nun einfach in Luthers Rückspiegel und fahren fort und sündigen fort und so fort und so fort. Heilig-Geisterfahrer! Und dieser Kerl, dieser Martin Luder oder Luther oder Lutter, sagt „alles in Butter". Ihr müsst nur bereuen!

Da sitzt er nun, versteckt von seinem sächsischen Gönner, quält sich mit der Frage, wie er das Episkopat am besten quält und welche deutschen Worte er für griechische und lateinische wählt. Er will dem Volk aufs Maul schauen, ohne ihm nach dem Munde zu reden:
Hahaha!

Ich höre seinen Gegnern zu und weide mich an ihrem ohnmächtigen Zorn:

„Wie konnte aus diesem hochbegabten Kerlchen, das gerne las, während es in seiner Klosterzelle hockte, nur so ein popeliger Populist werden. Spricht ja nichts dagegen, dass einer während des Glaubens zweifelt. Doch dann aber bitte in seinen vier Wänden still vor sich hin zweifeln, eine Kerze anzünden und um Erleuchtung bitten. Und was macht der Bursche? Geht raus und klebt Plakate an die Türen! So geht es nicht!"

Luther – eine Ketzerkarriere. Vom Zweifelnden zum Störer zum Zerr-Störer. „Nur weil er die Klappe nicht halten kann und alle anderen wissen sollen, dass er nicht einfältig, sondern zweifältig ist und ein Fell dick!

Da stellt sich einer hin, stellt Öffentlichkeit her und eine Bibel in der Kuhstallsprache Deutsch. Hört mal! Das gehört sich nicht! Die Bibel gehört ihm doch gar nicht."

Und einer fragt: „Steht in diesem Buch nicht der Satz: Du sollst dir kein Bild machen? Und dieser eingebildete Ausgebildete, dieser Jung-Theo log sich drum herum, indem er sagte: Er habe ja gar nichts Neues gepinselt, sondern das Alte 1:1 in ein neues Gewand gekleidet. Wenn Lügner kurze Beine hätten wie ihre Lügen, dann könnte der Doktor Martin unter dem Bett Fronleichnamsprozessionen abhalten."

Prozessionen? Die mag der Kerl auch nicht. Er behauptet, es bringe einen dem Himmel nicht näher, wenn man betend durchs Land wandert und am Ende Gott mit barer Münze dankt. Mal ganz auf ihn gemünzt: Wie soll die Gott + Sohn GmbH denn funktionieren, wenn für Problem-Lösung und Er-Lösung nicht Käsch gezahlt wird? Käsch! So würde der Kerl es schreiben, was wir dauernd sagen.

Gewöhnliche, gut informierte Greise berichten, den Ex-Augustiner oben auf der Burg quälten Bauchschmerzen beim Suchen nach dem richtigen deutschen Wort für seine Übersetzung. „Hoffen wir mal, dass jene Recht haben, die meinen, es handele sich um Verstopfung. Ja, Verstopfung! Die sollte auch sein Hirn ergreifen. Die ganzen dicken Klopse sollten drin bleiben und nicht auf Papier landen! Und wenn es ihm wehtut? Ja, dann soll er einfach aufhören mit dem Quatsch."

Es ist nicht in Ordnung, wenn einer die öffentliche Ordnung stört, weil er veröffentlicht, was ihn stört. Der einzige Mut, den die „Domini Canes" (die Hunde des Herrn) akzeptieren, ist Demut.

Klappe halten! Bereuen!

Es bleibt ein langer Weg voller Langeweile, wenn sich in ausgelutschter Sprache gedankliche Leere manifestiert. So wollen wir die Gestaltung der Durchführung der Herstellung der geistlichen Öffnung in den Kirchen der Reformation zur Vollendung gelangen lassen, würde die öffentliche Glaubensverwaltung (Kirche) im 21. Jahrhundert formulieren? Neiiiiiiin! Mit Luther: Geht raus und erzählt den Leuten von Jesus. Glaubt, dass es gut wird, hofft und seid lieb zueinander!

Arnd Brummer

Arbeit – nur Maloche, oder was?

Im Martin-Luther Forum Ruhr begann die Ausstellung „Bilder von Luther" ihre Wanderschaft. Luther hatte noch keinen Anlass, seinen Fuß in diese Region zu setzen. 300 Jahre nach ihm sollte sie als „Ruhrgebiet" zum größten Industrierevier Europas werden und Millionen Menschen Arbeit geben. „Maloche" sagen die Menschen im Revier – ein Wort aus dem Jiddischen für harte Arbeit, Schufterei. Zugleich Ausdruck jahrzehntelanger Plackerei für menschengemäße Arbeitsbedingungen und soziale Absicherung. Inzwischen sind Kohle und Stahl fast Vergangenheit. Mit dem Strukturwandel zieht immer mehr die digitale Arbeitswelt ein, auch hier.

Hat der Reformator, ein Mensch auf der Schwelle zwischen Spätmittelalter und Neuzeit, für diese Arbeitswelt überhaupt noch Maßgebliches zu sagen?

Arbeit und Beruf werden von Luther hoch geschätzt. Besonders die Tätigkeiten von Bauern und Bergleuten. Sie gehen ganz unmittelbar mit den Gaben um, die Gott in Acker und Berg gelegt hat. Bauern und Bergleute prägten auch Luthers Herkunft. Martins Vater, Hans Luther, war Hauer im Kupferschieferbergbau des Mansfelder Landes. Bald schon betrieb er eigene Hüttenfeuer als Kleinunternehmer. Seine Einkünfte blieben schwankend, abhängig vom Kupfermarkt, von Großunternehmern dominiert. Das Treiben von Kaufleuten beäugt der Reformator äußerst kritisch. Geld- und Wechselgeschäfte oder der Handel mit Luxusgütern sind ihm ein Gräuel. Arbeit und Beruf dienen der Deckung des täglichen Bedarfs und dem pfleglichen Umgang mit Gottes Gaben. Alles wirtschaftliche Handeln steht im Dienst des Nächsten und der Gemeinschaft. So hat auch das Handwerk für ihn einen hohen Rang, schafft es doch Gebrauchsgüter für das tägliche Leben. Akademische Berufe schätzt Luther hoch ein, sofern sie dem Gemeinwohl dienen. Hingegen kann er das parasitäre Gebaren von Adelsleuten offen geißeln.

Solche Hochschätzung von Arbeit und Beruf ist nicht selbstverständlich. Die griechische Antike sah körperliche Arbeit als niedrigste Tätigkeit an, Sklaven vorbehalten. Die Römer unterschieden zwischen unreinen Tätigkeiten und den wahrhaft freien und edlen Künsten.

Auf solche Vorstellungswelt traf das jüdisch-christliche Arbeitsverständnis. Zur Schöpfung gehört die Arbeit. Der Mensch ist Mit-Arbeiter Gottes am Schöpfungswerk. Er soll die Erde „bebauen und bewahren". Solche schöpferische Mit-Arbeit sieht die Bibel als Gottesdienst.

Und doch hat alle Arbeit eine Grenze – in der Ruhe. Der Sabbat setzt jedem Tun sein Limit. Mehr noch: Die Bibel versteht alle Arbeit ganz von der Ruhe her. Menschliche Arbeit kreist nicht um sich selbst, sie kommt vielmehr aus einem Empfangen, das allem Aktivwerden vorausgeht, ja, ihm Richtung gibt.

Die spätere Regel Benedikts für die mönchische Bewegung bringt dies auf den Punkt: Ora et labora! Das meint im Kern: Aus dem Gebet heraus arbeite! Dieses mönchische Arbeitsideal hat zur Zeit Luthers eine entscheidende Veränderung erfahren: Besinnung und Gebet werden jetzt viel höher bewertet als das Arbeiten. Mit der Folge: Die Mönche können sich auf das betrachtende Leben beschränken. Und der geistliche Stand gilt den aktiv arbeitenden Bürgern und Bauern als weit überlegen.

Diesen Vorrang des geistlichen Standes bestreitet Luther massiv und zieht – wie zum Beweis – die Mönchskutte nach 19 Jahren endgültig aus. Luthers Sicht: In jeder menschlichen Tätigkeit gilt es, Gott zu ehren und eben deshalb: dem Nächsten zu dienen. Jeder Christenmensch hat einen doppelten Beruf, den Beruf zum Glauben und den Beruf zum Dienst am Nächsten. Deshalb kann es keinen Rangunterschied geben – gleichgültig, ob eine Tätigkeit als hoch oder niedrig angesehen wird, ob sie entlohnte Erwerbsarbeit ist, unbezahlte Familienarbeit oder Ehrenarbeit für das Gemeinwohl. *Beruf* meint bei Luther noch nicht eine spezielle Ausbildung und Tätigkeit wie heute. Beruf meint: seiner Berufung folgen und für eine Aufgabe beides übernehmen – die äußere Zuständigkeit als auch die innere Verantwortung.

Dieses Arbeits- und Berufsverständnis Luthers ist immer noch und immer wieder einzulösen: Jeder Mensch hat um seiner Würde willen das Recht, seine Gaben zu entfalten, seinen Lebensunterhalt damit zu bestreiten und seinen Beitrag fürs Ganze einzubringen. Und menschliche Freiheit erfüllt sich nicht allein in individueller Selbstbestimmung, wie man heute gerne meint. Kein Mensch lebt für sich selbst. Für die Wahrnehmung seiner Freiheit ist jeder Mensch auf andere angewiesen. Und sie auf ihn. Freiheit gibt es nur, wenn Menschen auch für andere Verantwortung übernehmen und nicht nur für sich selbst. Dafür gibt es ein Wort, das im Ruhrgebiet einen hervorragenden Klang hat, immer noch. Es heißt: Solidarität.

Alfred Buß

47

Frei, um zu handeln

Die Wittenberger Reformation ist nicht nur eine kurze historische Episode in einer zugegeben kleinen Stadt gewesen. Sie war und ist für mich eine der größten Freiheitsbewegungen in der Geschichte, eine wirkliche Befreiung des Geistes und des Denkens, das Ende von tiefer Lebensangst und Verunsicherung!

Warum auch sonst sollten wir uns nach 500 Jahren noch daran erinnern? Die neue Zeit beginnt – wie sollte es anders sein? – mit einem Streit ums Geld: Die Menschen sollten keine Ablass-Zettel mehr kaufen, mit denen ihnen im Jenseits die Sünden erlassen würden.

Die Menschen sollten nicht mehr in Angst leben müssen, in Angst vor einem strafenden Gott – und auch nicht in Angst vor einer strafenden Kirche, vor strafenden Fürsten oder vor strafenden Eltern. Angst beherrschte die Zeit Martin Luthers. Auch er selbst kannte sie nur allzu gut: innere und äußere Angst und Unfreiheit.

„Die Inhaftierung des Geistes" nannte dies ein Kulturhistoriker. Die Inhaftierung des Geistes – die Unfreiheit des Denkens und des gesamten Lebens. Die Gedanken waren eben überhaupt nicht frei.

Martin Luther hatte keine Macht, er war Professor, Lehrer, aber kein kirchlicher Machthaber. Ich frage mich: Wie kommt es, dass er dennoch eine so weitreichende und weltweite Wirkung hatte? Keine Macht – und doch so viel verändert, bewirkt, angestoßen in den Menschen und in der Welt. Wie ging das? Und wie geht das?

Der Mensch ist befreit für das Leben. Und dann ist Glauben nichts anderes als Vertrauen: Glaube, Hoffnung, Liebe, diese drei … ohne Angst, frei zum Handeln.

Diese Befreiung von Furcht und Zittern, von Angst und Enge enthält eine ungeheure Kraft in sich. Durch sie allein wird christlicher Glaube zu einer Lebenshaltung, die von Vertrauen und von Zuversicht geprägt ist. Aus Halt wird Haltung. Und die Haltung bestimmt das Verhalten.

Das will ich bewahren von dem, was Martin Luther und die anderen Reformatoren uns in das Geschichtsbuch geschrieben haben.

Peter Burkowski

49

Glaube und Gewissen

Der Rhein – Carl Zuckmayer nannte die entlang des Flusses sich erstreckende Region einst „die große Völkermühle", die „Kelter Europas." Innerhalb einer Distanz von 83 Rheinkilometern liegen drei Städte, in denen deutsche, europäische, ja Weltgeschichte geschrieben worden ist. Speyer, Worms und Mainz, diese wahrhaft historischen Metropolen, spielten auch für Martin Luther eine herausragende Rolle.

Der Auftritt Luthers auf dem Reichstag in Worms im April 1521 ist nicht nur in der Geschichte der Reformation ein herausragendes Ereignis. In seinen überlieferten Redebeiträgen ist für mich vor allem die Begründung für seine Position als persönliche Gewissensentscheidung bedeutsam: Luther widersteht dem Widerruf seiner Thesen, „weil es gefährlich und unmöglich ist,

etwas gegen das Gewissen zu tun". Die Folge: Das Wormser Edikt, die Reichsacht, der Aufenthalt auf der Wartburg, dort die Bibelübersetzung. Acht Jahre später, beim Reichstag in Speyer wurde das Edikt erneut in Kraft gesetzt. Durch ihren Widerstand hiergegen wurden die evangelischen Fürsten und Reichsstädte schließlich zu „Protestanten".

Luther nahm bereits in Worms in Anspruch, was erst über 300 Jahre später in der Paulskirchenverfassung von 1849 als individuelles Recht anerkannt wurde. In der katholischen Kirche wurde die Gewissensfreiheit des Einzelnen sogar erst durch die Beschlüsse des 2. Vatikanischen Konzils in den Jahren 1964/1965 lehramtlich akzeptiert.

Ich bin von Luthers Bekenntnis und der Konsequenz, mit der er

seinen Standpunkt vertrat, ja verfocht, fasziniert – das sage ich als katholisch getaufte Christin. Luthers Bezugnahme auf die Gewissensfreiheit hat für mich eine universell gültige Dimension. Aus einer Position der Freiheit heraus zum Glauben, zum gütigen Gott zu finden, diesen Glauben zu leben, das ist ein grundlegender Teil menschlicher Souveränität.

Ich finde diesen Gedanken des souverän glaubenden und – mitfühlend – handelnden Menschen wunderbar treffend formuliert in Luthers Schrift „Von der Freiheit eines Christenmenschen": „Ein Christ ist ein freier Herr über alle Dinge und niemandem untertan – durch den Glauben. Ein Christ ist ein dienstbarer Knecht aller und jedermann untertan – durch die Liebe."

Worms, Speyer und schließlich Mainz: Geburts- und Wirkungsort von Johannes Gensfleisch, genannt Gutenberg. Gutenbergs Erfindung des Buchdrucks mittels beweglicher Lettern ist für die Geschichte der Zivilisation von entscheidender Bedeutung. Und Teil der Zeitenwende vom Herbst des Mittelalters – wie es der niederländische Kulturhistoriker Johan Huizinga betitelte – in den Frühling der Renaissance, in den Humanismus und natürlich auch in die Reformation. Die Verbreitung von Luthers Schriften erreichte dank der neuen Technik eine ungeahnte Reichweite und Durchschlagskraft.

Martin Luther ist Teil des Drangs nach „Erneuerung", nach Emanzipation, der diese Epoche so prägt. Er wird zu einer ihrer wichtigsten Protagonisten, an dem sich die Wechselwirkung von Macht, Gewissen und Glauben zuspitzt und zum Ausgangspunkt einer der wichtigsten Weichenstellungen der Weltgeschichte wird. Einer Entwicklung, die über Gewalt und Kriege einen immensen Blutzoll forderte, ohne die die Welt der Gegenwart aber nicht denkbar wäre und in der uns Martin Luther noch stets viel zu sagen hat.

Malu Dreyer

53

45–49: Wer einem Bedürftigen nicht hilft, aber statt=dessen Ablass kauft, handelt sich den Zorn Gottes ein.

Welch ein Mut!

Welch eine Sensation, welch eine Nachricht: Im Jahr 1524 heiratet Martin Luther Katharina von Bora. Ein Mönch und eine Nonne brechen das Gelübde der Ehelosigkeit und stoßen Rom damit vor den Kopf. Welch ein Mut, welch ein Aufbegehren gegen starre Strukturen. Einmal mehr unvorstellbar in einer Zeit, in der Verstöße gegen päpstliche Gebote mit Tod und Teufel bestraft wurden. Doch Luther hat sich durchgesetzt. Seine fast fanatische Suche

nach einem gnädigen Gott, sein Kampf gegen den Ablasshandel und seine Kritik an der Kurie führten zur Reformation. Deren Folgen manifestieren sich auch in der Zersplitterung der christlichen Kirchen, die heute – 500 Jahre später – auf immer weniger Verständnis christlicher Laien stößt.

Aus historischer Betrachtung ebenso wie aus christlicher Grundhaltung ist Luthers Engagement nicht anders als mit großem Respekt zu würdigen. In einer gemischt christlichen und religiös aktiven Ehe des Jahres 2015 sind die theologischen Grundsätze beider Kirchen täglich erfahrbar – und nicht nur aus christlicher Nächstenliebe heraus ist das Verständnis für beide Seiten selbstverständlich. Zugleich wirkt aber das amtskirchliche Beharren auf den je eigenen Wahrheiten und Strukturen rechthaberisch und rückwärtsgewandt.

Wo bleibt heute der Mut und die Gestaltungskraft, um die gemeinsame Botschaft der christlichen Kirchen wieder in aller Welt erfahrbarer zu machen? Das Internet hat eine neue Medienrevolution angestoßen. Wer nutzt sie? Luther hatte in seiner Zeit Antworten – und Mut.

Gundula Gause

Freiheit und Verantwortung

Frei sein aber ist das, welches mir freisteht: Ich mag es gebrauchen oder lassen, doch so, dass meine Brüder und nicht ich den Nutzen davon haben." Dieses Zitat Martin Luthers aus dem Jahre 1522, kurz und zugleich kraftvoll, spricht mich als Politiker besonders an – auch und gerade in unserer heutigen Zeit.

Wir wissen, dass Luther in großer Sorge nach Wittenberg heimgekehrt war, bevor er im Jahre 1522 am Sonntag Invokavit, dem ersten Sonntag der Passionszeit, die erste von insgesamt acht Invokavitpredigten hielt, denen auch das obige Zitat entnommen ist. Luther, im vorangegangenen Jahr mit der Reichsacht belegt und danach auf der Wartburg sorgsam versteckt, sprach nun von der Kanzel zu tief verunsicherten Menschen, hatte sich doch in seiner Abwesenheit die Reformation in Wittenberg nach und nach so stark radikalisiert, dass es selbst in Gottesdiensten wiederholt zu offener Gewalt gekommen war.

Luthers Aufrufe zur Gewaltlosigkeit und seine Gedanken zur Freiheit müssen die Wittenberger Bevölkerung daher tief beeindruckt haben.

Freiheit, in unserer heutigen Zeit allzu leicht mit einer rein ich-bezogenen Grenzenlosigkeit verwechselt, bedeutete bei Luther vor allem die Befreiung vom Zwang, sich sein Heil bei Gott gleichsam selbst „verdienen" (und darin notwendigerweise scheitern) zu müssen.

Freiheit entfaltete bei Luther ihren Sinn zudem erst in der Freiheit der Mitmenschen, das heißt: in der gesellschaftlichen Verantwortung, der sich der Mensch zu stellen hat.

Der Mensch wird, wie Luther lehrte, vor Gott nicht durch seine Werke gerecht, sondern allein durch den Glauben – wobei wir gerade diese reformatorische Gnadenzusage keinesfalls, um Dietrich Bonhoeffer zu zitieren, zu einer „billigen Gnade" verkommen lassen sollen. Die Gnade, die dem Menschen zuteil wird, und die damit verbundene Hoffnung des Glaubens mahnen uns vielmehr gerade dazu, aktiv zu werden, zu handeln und so Verantwortung zu übernehmen.

Freiheit ist auch bei Luther untrennbar mit Verantwortung verbunden, ja sie bedarf der Verantwortung und stellt uns somit gleichsam vor eine Aufgabe. Verantwortung wahrzunehmen und sich gestaltend einzusetzen, in meiner Umgebung, in meiner Gemeinde, in meiner Stadt: Das ist auch ein politischer Auftrag, der seit der frühesten Phase für die Reformation wesentlich war und blieb und der auch nach beinahe 500 Jahren nichts von seiner Bedeutung eingebüßt hat.

„Frei sein aber ist das, welches mir freisteht: Ich mag es gebrauchen oder lassen, doch so, dass meine Brüder und nicht ich den Nutzen davon haben." Dieses Zitat aus den Invokavitpredigten weist auf einen zentralen Gedanken der lutherischen Reformation hin und ist für die Gestaltung guter, verantwortungsvoller Politik nach wie vor wegweisend.

Hermann Gröhe

Der tote und der lebende Luther

Ich sehe mich als jungen lutherischen Vikar vor der barocken Kirche St. Michaelis in Hamburg stehen. Im Winter wehte da nach meiner Erinnerung immer ein schrecklich kalter Wind um den ‚Michel', dieses Wahrzeichen Hamburgs. Vor einer Wand aus roten Ziegelsteinen stand (und steht noch immer) eine von Grünspan überzogene Statue des Reformators Martin Luther. Er blickt die Menschen nicht an, er schaut in den Himmel. Ein Kraftprotz, ein schwerer Mantel, eine dicke Bibel unter dem Arm. Er ist mir, wenn ich ihn ansah, immer vorgekommen als wäre er der Repräsentant dieser verkrusteten herrischen Kirche, mit der wir jungen Theologen damals, in den späten Sechzigerjahren, nicht zurechtkamen; gegen die wir leidenschaftlich, manchmal selbstgerecht und töricht, anstürmten. Kalte Bronze, unerbittliche Hierarchie, eisiger Wind, den Blick nach oben gerichtet – ein Revolutionär, der auf die Seite der Mächtigen geraten war. „Steche, schlage, würge" – so adressiert er sich 1525 an die fürstliche Obrigkeit gegen die aufständischen Bauern. Dieser Aufstand, meint Martin Luther, muss niedergeschlagen werden, mit allen Mitteln. „Wider die räuberischen und mörderischen Rotten der Bauern" – so überschreibt Luther seinen Aufruf an die Fürsten. Die Niederlage ist furchtbar, gut 5000 Bauern liegen tot auf dem Schlachtfeld, während die gepanzerten Reiter des Fürstenheeres nur sechs Gefallene zählen.

Martin Luther vor dem Michel: Ein unbarmherziger Herrenmensch, von dem wir aufständisch dünkenden Theologiestudenten uns nichts erhofften. Zu diesem Sieger, der in seinen Grünspan wie in einen Panzer eingewickelt war, ein toter Stifter, wollten wir nicht aufblicken. Zu dem passten, so schien es uns, die vergoldeten Kapitelle und Kruzifixe im Innenraum dieses Religions-Klotzes. Ein Bau, der wie eine Manifestation der ecclesia triumphans, der triumphierenden Kirche, aussah: Allüberall Gold vor schneeweißen Wänden. Als „Tröster der Betrübten im weißen Jaguar" kritisierten wir jungen Lutheraner die Prediger, die da auf goldweißer Kanzel die Bibel für die Hamburger Pfeffersäcke auslegten. Aufsässige Grünschnäbel vor unbeirrbarem lutherischem Grünspan.

Dieser steinerne Gast, der da auf dem Sockel vor der Kirche steht, nimmt heute seinen Abschied. Vom Reformator zum Museumsstück, den allenfalls noch Touristen mit ihren Digitalkameras nebenbei einfangen. Er wird von der untergehenden, mühsam um ihren Bestand ringenden Kirche mitgerissen, vom Sockel gestürzt – auch wenn die Statue noch lange an diesem Platz ihre Augen zum Himmel hebt. Was würde er, Martin Luther, sagen, wenn er

diese taumelnde Volkskirche sähe, in der anpassungswillig von „Kunden" und ängstlich-gierig vom „Kerngeschäft" die Rede ist?

Verlassen wir diesen zum Heros erhobenen, toten Luther, wickeln wir ihn aus seinem Grünspan-Panzer und wärmen wir uns an dem Feuer seiner Leidenschaft, seiner brodelnden Innerlichkeit: Verflüssigen wir die Bronzestatue zu dem leidenden Fleischklumpen, der Martin Luther war. „Wenn unser Herr und Heiland spricht: ‚Tut Buße usw.', hat er gewollt, dass das ganze Leben der Gläubigen Buße sei." Das ist die erste seiner berühmten 95 Thesen. Die starr gewordene Religion sollte zum reißenden Fluss werden, der in das Meer der Befreiung, der Erlösung, der Seligkeit mündet. Ob Paulus oder Savonarola, ob Meister Eckhart oder Luther: Die Versteinerung des Glaubens zur Bürokratie – die haben diese Großen erkannt, gefürchtet, gegeißelt, bekämpft.

„Du sollst wissen, dass kein Mensch sich je in diesem Leben so viel gelassen hat, er fände nicht noch mehr zu lassen", sagt Meister Eckhart im 13. Jahrhundert, „Nicht mehr ich lebe, sondern Christus lebt in mir", singt Paulus – und es ist, ob Luther, Paulus oder Savonarola, stets die gleiche Melodie. Und diese Melodie findet sich selbst da wieder, wo mit der Amtskirche, mit dem Glauben überhaupt längst gebrochen wurde: Die technisch-wissenschaftliche Welt, die unsere wirkliche Welt ist, so hat es der französische Soziologe Michel Foucault gesagt, beseitigt das fühlende, schreiende Herz. Fast

könnte man sagen: Immer und immer ist die Lebendigkeit der Menschen gefährdet, er droht immer zur Salzsäule zu erstarren, zur Bronzestatue auf dem Sockel. Der Epheserbrief (1,18) fasst es in das schöne Bild, dass unsere inneren Augen, die „Augen des Herzens", geöffnet werden müssen.

Für mich verwandelt sich die Bronzestatue des Martin Luther zum Beispiel (und dies ist ganz gewiss nur ein Beispiel) in einen lebendigen, mitfühlenden, tröstenden Meister, wenn ich seinen frühen „Sermon zur Bereitung auf das Sterben" lese. 1519 vollzieht Luther in der Leipziger Disputation mit Johannes Eck den endgültigen Bruch mit der römischen Kirche. Und 1519 schreibt er diesen Sermon. Der beginnt ganz pragmatisch: „Der Tod ist ein Abschied von dieser Welt und allen ihren Geschäften", deshalb soll man seine weltlichen Dinge regeln, damit es später keinen Zank und Hader gebe. Geistlichen Abschied aber soll der Christ nehmen, indem er allen Menschen, die um ihn sind, vergibt und von allen Menschen Vergebung begehrt. Das ist es, was für Luther am Ende des Lebens wichtig ist: Vergebung. Die empfangene und die gegebene. Nun schaue man auf unsere Gegenwart in den Institutionen, in denen gestorben wird: Um Vergebung geht es nicht mehr. In unseren Zeiten steht Schmerzfreiheit auf der Prioritätenliste – und am liebsten soll das Ende nicht wahrgenommen werden. Ein Schlag und Schluss.

Martin Luther spricht nicht nur über Vergebung, er spricht vor allem über den Weg, über den Weg des Sterbens. Wer hinhören will, spürt die Distanz zwischen den bewegenden Bildern Luthers und unserer medizinisch-technokratischen Gegenwart, die nicht an einen ‚Weg', sondern an von Experten gemanagte ‚Abläufe' denken lässt. Luther: „Und zwar fängt hier die enge Pforte an, der schmale Pfad zum Leben, darauf muss sich jeder fröhlich wagen". Sterben als der Pfad zum Leben? Fröhlich wagen?

Lese ich das, so nehme ich wahr, wie verlassen und trostlos die Menschen heute ihrem Ende entgegengehen, versehen allenfalls mit den Sakramenten professioneller palliativer Planung und Begleitung. Der mündige Patient darf entscheiden, ob er diese oder jene Therapie noch will, ob er sediert werden möchte oder – wohl über kurz oder lang – ob er sich Sterbehilfe verordnen darf. Der Weg, von dem Luther spricht, ist ein fundamental anderer: Der Weg sei eng, aber nicht lang. „Es geht hier zu, wie wenn ein Kind aus der kleinen Wohnung in seiner Mutter Leib mit Gefahr und Ängsten hineingeboren wird in diesen weiten Raum von Himmel und Erde, das heißt auf diese Welt: ebenso geht der Mensch durch die enge Pforte des Todes aus diesem Leben, und obwohl der Himmel und die Welt, worin wir jetzt leben, für groß und weit angesehen wird, so ist es doch alles gegenüber dem zukünftigen viel enger und kleiner als es der Mutter Leib gegenüber diesem Himmel ist." Ein unglaublich hoffnungsvolles, tröstliches Bild. Der enge Gang des Todes bewirkt, dass uns dieses Leben weit und jenes eng vorkommt, fährt Luther fort. „Darum muss man es glauben und an der leiblichen Geburt eines Kindes es lernen." Wie bei einer Frau, die ein Kind geboren hat, nach der Geburt die Angst weicht, so „muss man sich auch beim Sterben der Angst entschlagen und wissen, dass nachher ein großer Raum und Freude da sein wird."

Die Menschen, die heute in Krankenhäusern, Pflegeheimen, auf Palliativstationen, in Hospizen sterben, sind mehr und mehr solche, die man als Diesseits-Krüppel beschreiben muss. Sie können sich gar nicht vorstellen, dass etwas über sie und ihr Leben hinausweist. Sie können sich nicht vorstellen, dass Sterben etwas anderes ist als eine Sache, die man in die Hände professioneller Versorgung abgeben muss und damit Schluss.

Haben wir zu den Worten Luthers noch einen Zugang? „Wer kann es glauben?", fragt Luther selbst. Wer den Panzer des Diesseits-Krüppels zu sprengen sucht, gilt heute bestenfalls als ein wenig wunderlich. Luther weiß, dass diese panzersprengende Hoffnung nur ein Geschenk sein kann. Das Geborenwerden und das Sterben kann man nicht in die Hand nehmen, sondern es geschieht. Während wir das Gegenteil versuchen: Geborenwerden und Sterben sind mehr und mehr kontrollierte Abläufe geworden, in denen nichts dem Zufall überlassen bleibt. Das Geschenk, von dem Luther spricht, ist zurückgewiesen, der Weg zu einer Landebahn geworden. Luther weiß: Niemand soll sich anmaßen, „diese Dinge aus eigenen Kräften fertig zu bringen". Der moderne Mensch versteht sich dagegen als einer, der alles selber macht, auch sein Sterben und seinen Tod. Der homo modernissimus muss sich an diesen fremden Worten Luthers ärgern und kann dieses Geschenk nur als Mogelpackung abtun. Er widerspricht: Wer soll das denn wohl glauben?

Die Sermon-Sätze Luthers kann man so lesen, wie ich vor Zeiten Luthers Bronzestatue empfand. Unnahbar, fremd, unverständlich. Denkt man sich dagegen den Grünspan weg, mit der die Zeit Luthers Worte überzogen hat, dann kann Überraschendes passieren. Dann kann aus der Bronzestatue Luthers Lebendigkeit hervorbrechen, dann wird die Statuenbronze wieder zum glühenden, alles verändernden Fluss. Neu will das gehört werden, wenn der dogmatische, der abgeklapperte Text, in dem es von verstaubten, abgetanen Vokabeln wimmelt, wieder Leben gewinnt: „Deshalb muss man darauf sehen, dass man ja mit großer Freude des Herzens seinem göttlichen Willen danke, weil er an uns wider den Tod, die Sünde und die Hölle so wunderbar, reichlich und unermesslich Gnade und Barmherzigkeit übt. Man darf sich nicht so sehr vor dem Tod fürchten: man muss allein seine Gnade preisen und lieben." Wackelt da die Dogmatik? Beginnen die Worte sich vom Staub zu befreien und einen neuen befreienden Glanz zu gewinnen?

Fragen muss man sich schon: Gibt es heute noch einen Weg zu diesen alten, fremden Sätzen? Wie viele der Theologen und Christen sind selbst zu Diesseits-Krüppeln geworden? Haben aufgegeben, an den Stäben der alles beherrschenden Rationalität zu rütteln?

„Wie könnt ihr auf das hoffen, was ihr seht?", schreibt Paulus im Römerbrief. Was für ein unglaublich befreiender Satz, der die inneren Augen öffnen könnte!

Luthers Auferstehung aus der Bronzestatue in den lebendigen leidenschaftlichen Tröster, der den Weg des Sterbens beschreibt, als wäre er ein Geburtsvorgang! Welche Kühnheit! Und genau genommen gelten diese Worte Luthers jeden Tag, an dem es gelingt, das Tote, das Lebensbedrohende, das Nekrophile in uns zu verflüssigen.

Das nächste Mal, wenn ich in Hamburg bin, muss ich nachsehen, ob die Lutherstatue noch da ist oder ob der Reformator sich womöglich aufgemacht hat, um seine Lutherkirche vom Grünspan zu befreien.

Reimer Gronemeyer

Luther nicht defragmentieren

Luther kennt man. Der Zweifler, der Aufrechte, der Thesenanschläger, der Kritiker, der Übersetzer, der Lehrer. Ein Moderner, ein Aufklärer. Der Reformator. So kennt ‚man' Luther. Damit wird das Symbol Luther identifiziert.

Und hier stehe ich vor dem Logo „Luther 2017. 500 Jahre Reformation" und schaue auf den schwarzen Luther vor rotem Grund mit dem goldenen Schriftzug. Der deutsche Luther – so vermeintlich vertraut ist mir das runde, breite Gesicht, dass mir zuerst gar nicht aufgefallen ist, dass bis auf die Augen seine Gesichtszüge graphisch aufgelöst sind. Diesen darstellerischen „Kniff" nehme ich als Einladung zum Widerspruch, der sich immer regt, wenn ich die gerade beschriebenen Bilder im Kopf und das Bild an der Wand wahrnehme.

Der Zweifler? Ja, an anderen. An Gott, dank Augustin an der kirchlichen Praxis seiner Zeit, an seinen Mitreformatoren, an der Rechtmäßigkeit anderer Religionen. Das weite Feld, das Luther mit seinem Zweifel aufmacht, das zum Selber-Denken auffordert, verengt er leider auch wieder und macht es klein. Wo bleibt das Vertrauen in die Mündigkeit aller Glaubenden? Dass Luther ein moderner Mensch, ein Aufklärer sei, wird spätestens seit dem 19. Jahrhundert kritisiert, ‚wir' läsen das schlicht in ihn hinein. Und dennoch wird er gerade jetzt wieder als „Moderner" beworben, als sei das ein entscheidendes Verkaufsargument. Wenn Luther in seinem Katechismus erklärt, dass „die Obrigkeit" eines Staates von Gott installiert und sie deswegen in den Geltungsbereich des Gebots der Ehrung der Eltern zu rücken sei und politischer Widerstand damit Gotteslästerung, dann ist das weder als moderner, noch aufklärerischer Gedanke zu beschreiben. Man kann dann auch kaum behaupten, dass Luther von den ‚Regierungen Deutschlands' im 19. und 20. Jahrhundert diesbezüglich *miss*braucht wurde. Leider ließ sich Luther dazu sehr gut gebrauchen. Aber Luther formuliert in seiner so

genannten Obrigkeitsschrift auch, dass eine Regierung nicht willkürlich sein darf, dass sie fehlgehen und widerspruchsbedürftig sein kann.

Luther hat nicht den einen theologischen Entwurf geschrieben. Die Meter, die sein Werk im Regal einnehmen, stehen nebeneinander, und die Herausforderung ist, sie buchstäblich zusammen-zu-lesen. Vermutlich wäre eine Synthese des judenfeindlichen, abergläubischen, tendenziell obrigkeitshörigen Luther heute nur schwer, wenn überhaupt erträglich.

Den in Zweifel zu ziehenden Luther, den Fragmentierten, den Brüchigen kann man bei Harald Birck finden. Wenn die Gesichter so zerfurcht sind, dass sie auseinander zu rutschen scheinen, oder die Beine einer Skulptur ein wenig zu dünn wirken, um den massigen Körper tragen zu können, dann werden hier nicht nur Schattenseiten, sondern Abgründe deutlich, die in das Werk Luthers eingeschrieben sind, mit denen wir offen umzugehen haben.

Mit all dieser Überladung der Symbolfigur Luther zur Lichtgestalt ,*der* Reformation' wird er verzeichnet. So kann ich ihn nicht als theologischen Gesprächspartner ernst nehmen. Und viel gravierender noch: Es wird denen doppeltes Unrecht getan, die schon durch Luther unrecht behandelt wurden, weil sie als vermeintliche Opfer der Zeitumstände marginalisiert werden.

Mit Luther zu streiten wäre sicher keine dieser Auseinandersetzungen gewesen, aus denen man beflügelt und angeregt hinausgegangen wäre; dafür schreibt er zu verächtlich und spottend über seine (Meinungs)Gegner. Aber heute theologisch mit Luther gegen Luther anzugehen – das macht Luther als Symbolfigur und ,Immer-wieder-neu-zu-denken' stark und mir erst Lust darauf, mich mit dem 500jährigen auseinanderzusetzen.

Jannika Haupt

Die Durchbrüche der Reformation mit Luther feiern – aber nicht Luther feiern (doch, auch)

500 Jahre Reformation liegen hinter uns – Reformation, das beschreibt keinen Zeitpunkt, keinen abzuschließenden Prozess, sondern einen andauernden.

Es ist mir wichtig, Reformationsbotschafterin zu sein, nicht Lutherbotschafterin. Die Reformation ist ein breiter Vorgang der Veränderung. Auch Jan Hus, der vor 600 Jahren auf dem Konzil von Konstanz verbrannt wurde, gehört schon dazu, ebenso die oberdeutsche Reformation mit Zwingli und Calvin, aber auch jemand wie Thomas Müntzer und natürlich die Frauen der Reformation. Als die EKD anfragte, ob ich dieses „Amt" übernehmen wolle,

habe ich mich gefreut, für dieses Jubiläum werben zu können, in Deutschland und darüber hinaus.

Luther ist und bleibt die zentrale Symbolfigur für dieses Ereignis. Sein Fragen nach Gott, seine Reformimpulse, die zur Reformation führten, lassen uns jetzt eben nicht nur zurückschauen, sondern weiter fragen, weiter suchen, wo wir Reform und Reformation heute brauchen. Und auch hier führt Luther weiter: Sein bewundernswerter Mut, seine Sprachkraft und die Stellung der Bibel als zentrale „Autorität" in Glaubensfragen – all das sind Leitsterne für unser Fragen und Reformieren heute.

Dabei ist nicht zu leugnen, dass es bei Luther dunkle Schattenseiten gibt: seinen Antijudaismus beispielsweise oder auch seine Hexenangst.

Auch das ist reformierungsbedürftig – semper reformanda! Wir bleiben ja auch nicht dabei stehen, dass es „bei Luther" keine Frauenordination gegeben hat. Aber sie ist Kennzeichen reformatorischer Kirche. Und zwar nicht als Anpassung an den Zeitgeist, sondern aus theologischen Gründen. Es ist Luthers Tauftheologie, die klarmacht: Wer aus der Taufe gekrochen ist, ist Priester, Bischof, Papst.

Es ist die „lutherische" Kraft im oben genannten Sinne, die diese Dekade des Reformationsjubiläums entscheidend (auch theologisch) prägt. Die Revision der Lutherbibel stellt gut lutherisch die Bibel ins Zentrum. Viele musikalische Initiativen wie etwa das Poporatorium von Dieter Falk und Michael Kunze zeigen die Reformation als Singbewegung und partizipativ. In jedem Jahr wurden Schwerpunkte gebildet, bei denen von der Bibel her gefragt wurde: Was heißt das heute, etwa Reformation und Toleranz, Reformation und Bildung. Einer der entscheidenden Beiträge der Reformation in unserer Zeit ist, dass es allen Beteiligten um gebildeten Glauben ging. Glaube eben nicht aus Konvention, Dogma oder spirituellem Erleben, sondern Glaube, der selbst fragen will und darf, ja soll! Das ist heute umso wichtiger, als Fundamentalisten in allen Religionen das freie und selbstständige Denken zurückdrängen wollen.

„Lutherdekade" als Oberbegriff beschreibt all dies. In der Vorbereitung haben sich staatliche und kirchliche Stellen auf diesen Oberbegriff geeinigt. Er ist griffig und vor allem auch im säkularen Umfeld gut vermittelbar, auch außerhalb von Deutschland. Die Freude vom Anfang, der Frage, ob ich bereit bin, als Reformationsbotschafterin tätig zu sein, mit den Menschen über Luther ins Gespräch über die Reformation zu kommen, bleibt.

Margot Käßmann

77

Luther in Worms

Was verbinde ich mit Martin Luther? Da fällt mir im Vorfeld des Reformationsjahres zuerst und vor allem ein, was mich schon als Studentin an der Katholisch-Theologischen Fakultät und in der Politikwissenschaft in Mainz beeindruckt hat: Das ist der mutige Bekenner Martin Luther vor dem Reichstag 1521 im nahegelegenen Worms!

„Luther in Worms", das ist ein geächteter Theologie-Professor und Mönch, der „vor Kaiser und Reich" zu seiner Gewissensüberzeugung steht. Er lässt sich weder erpressen noch bedrohen oder „mit Kardinalswürden bestechen". Er steht vor dem mächtigsten Monarchen seiner Zeit, vor Kaiser und König Karl V., „in dessen Reich die Sonne nicht untergeht", und der ganz andere, weltpolitische Pläne hat, als sich mit den theologischen Streitigkeiten in Deutschland herumzuschlagen.

Ob Luther in allem Recht gehabt hat – ob er seinen Gegnern und diese ihm immer gerecht geworden sind? Sicher nicht. Und ob der fromme Bibelleser und Bibelübersetzer Luther jede aktuelle Strömung im Protestantismus mitmachen würde? Wahrscheinlich nicht!

Als „streitbarer Prediger und Polterer" hätte er da heute sicher auch eine Reihe Kämpfe zu bestehen. Ein evangelischer Theologe, den ich noch aus Studientagen kenne (und der Luther, wie ich weiß, sehr schätzt), meinte einmal zu mir, manchmal könnte man als Evangelischer die Katholiken schon beneiden, allein schon dafür, dass sie nur einen Papst hätten!

Manchmal denke ich mir, der wortgewaltige und bibelfeste „Professor aus Wittenberg" wäre bei mancher Synodensitzung und in manchem

Kirchentagsforum heute auch in Gefahr, rausgeworfen zu werden und würde vielleicht nach wortgewaltigen Predigten heute katholisch werden ...? Wer weiß? Immerhin gibt es ja neuerdings auch in Rom, wohin er ja als Mönch gepilgert war, eine Piazza Dr. Martino Luthero!

„Luther in Worms", der Mann, der für sein Gewissen einsteht. Der mit dem Kaiser und den Kurfürsten über die Wahrheit diskutieren will – aber nicht gegen seine Überzeugung Kompromisse machen, womit man ihm auch droht. Der tief gläubige Theologe, der seinen Namen „Luther" mit „th" schreibt, weil er an Eleutherius, griechisch für „der Freie" erinnern will, womit er einige Briefe unterschrieben hat. Der gegen den Willen seines Vaters ins Kloster gegangen ist – konsequent, weil es ihm um sein Verhältnis zu Gott ging – und der gegen den Willen von Kaiser und Papst zu seinem Glauben steht, weil es ihm immer noch um sein Verhältnis zu Gott geht.

Solche „Überzeugungs-Täter" sind wichtig. Auch heute. Bestimmt sind sie nicht immer angenehm. Und ganz sicher hat er auch in vielem geirrt. Nicht mehr als andere in seiner Zeit – wenn ich etwa an die Meinung zu den Juden oder zu den Bauernkriegen denke –, aber eben auch kräftig und nicht weniger als sie. Bestimmt war er auch ungerecht – und seine Ehefrau Katharina von Bora muss eine wirklich starke Frau gewesen sein ...

Aber sein Eintreten für das, was er als Wahrheit erkannt hat, und seine Berufung auf die Freiheit seines Gewissens unmittelbar vor Gott: Das hat auf jeden Fall Geschichte verändert und imponiert mir.

„Luther in Worms", das ist einer der großen Momente auf dem Weg zu Glaubensfreiheit und auch zu der Entwicklung hin zu den Menschenrechten und zu dem Europa, in dem wir uns zu Hause fühlen. Von Luthers „Glaubensstärke" und von der Stärke seiner Gewissensüberzeugung können wir auch heute lernen. Und vielleicht auch von seinem Vertrauen auf die Hilfe Gottes „und wenn in Worms so viel Teufel auf den Dächern säßen wie Ziegelstein ...". Vielleicht geht's heute in der Politik aber auch ein bisschen diplomatischer und konzilianter zu! Über manch theologische Spezialfragen kann ich mich dann ja vielleicht in Ewigkeit mit ihm noch unterhalten.

Julia Klöckner

Luther im Gepäck

Meinen Luther habe ich nicht nur metaphorisch im Gepäck, er ist ganz unmittelbarer Bestandteil meines Reisegepäcks – insbesondere in Form meiner Reisetasche mit seinem Bildnis und der Aufschrift „Luther 2017 – 500 Jahre Reformation". Ich konnte von Anfang an dabei sein. Die Vorbereitungen der Lutherdekade von 2008–2017 sowie zum Reformationsjubiläum 2017 starteten in der Lutherstadt Wittenberg und haben in nur wenigen Jahren, durch zwei Bundestagsanträge verstärkt, Initiativen in fast allen Bundesländern und mittlerweile in vielen europäischen Ländern Aktivitäten und Vernetzungen hervorgerufen.

Meine bisherigen Tätigkeiten zum Reformationsjubiläum und zur Lutherdekade haben sich vom Rathaus der Lutherstadt Wittenberg ins Europaparlament stark verändert. Sie begleiten mich aber weiterhin inhaltlich und auch in ihrer Bewerbung durch geplante Ausstellungen und Veranstaltungen in Brüssel.

So kann ich meine kommunalen und bundesweiten Erfahrungen auf der europäischen Ebene einbringen. Ein mir wichtiges Anliegen ist die noch nicht erfolgte Vernetzung und Sichtbarmachung der verschiedenen Orte des Europäischen Kulturerbesiegels „Stätten der Reformation". Es ist schön zu sehen und zu begleiten, wie die verschiedenen Reformationsjubiläen bereits jetzt europäisch angegangen werden. Deutschland macht 2017 den Start und die skandinavischen Länder, Ungarn, Polen, aber insbesondere auch die Schweiz sind seit den letzten Jahren dabei, ihre Jubiläen nach 2017 zu planen bzw. konkrete Projekte vorzustellen. Mit dem Auftakt des Themenjahres der Lutherdekade „Reformation und die Eine Welt" zum Reformationstag 2015 in Straßburg wird bereits die Auswahl des Ortes zum Brückenschlag in die europäischen Länder, was mich persönlich sehr freut. Das Themenjahr spielte bereits in Brüssel eine Rolle. So war ich z.B. Podiumsgast bei einer Veranstaltung der EKD in Brüssel, die unter dem Thema „Entwicklung neu denken" das diesjährige europäische Themenjahr der Entwicklungspolitik, die in der UNO verabschiedeten Entwicklungspolitischen Ziele 2030 und das Lutherdekadenthemenjahr sehr gut miteinander verbunden hat. Stützen und unersetzbare Grundpfeiler der Reformation sind zum Beispiel die bereits ökumenisch ausgearbeiteten 23 Thesen „Perspektiven für das Reformationsjubiläum 2017", die inhaltliche Bezüge zu den europäischen Dimensionen der Reformation herausgearbeitet haben. Darunter fallen: Religionsfreiheit, europäische Sprachenentwicklung und gewachsene politische Gleichheit als Auswirkungen auf die politische Kultur. Finnland beispielsweise feiert 2017 seine 100-jährige Unabhängigkeit und nutzt dieses Jahr gleichzeitig, um die Auswirkung der Reformation auf die Gesellschaft bis heute zu reflektieren. Wenn wir über Luther und die Reformation und gerade auch das Zusammenleben von Kulturen und Religionen reden, können wir nicht nur euphorisch sein. Das Themenjahr „Reformation und Toleranz" war auch selbstkritisch zu verstehen, gerade wenn man etwa an

Luthers feindliche Einstellung gegenüber den Juden denkt.

Ich möchte noch einmal das Stichwort der Sichtbarkeit aufgreifen: Ein Projekt, das schon sehr sichtbar ist, buchstäblich wächst und gedeiht und mir ganz besonders ans Herz gewachsen ist, ist der ökumenische Luthergarten. In diesem Projekt pflanzen verschiedenste Kirchen von allen Kontinenten in Ökumene 500 Bäume in der Lutherstadt Wittenberg und weltweit mit weiteren 500 Partnerbäumen, womit sie durch dieses Jubiläum auch der Einheit der Christen gedenken. Aber auch die Gründung des Martin Luther Forum Ruhr, das sich mit vielen Aspekten der Reformation und mit religiösgesellschaftlichen Fragen und Debatten auseinandersetzt oder auch der Zusammenschluss vieler Städte zum Verbund „Wege zu Cranach", der Wirkungsorte und Kunstwerke der Familie Cranach gemeinsam zugänglich macht, sind einzigartig und gute Zeugnisse der vielfältigen Facetten, die durch das Reformationsjubiläum angestoßen wurden.

Arne Lietz

Unbändiges Lebensvertrauen

Doktor, Gelehrter, Prediger und Theologe, Disputator, Philosoph, Dialektiker und Autor: Die Liste der Bezeichnungen, die Luther für sich selbst findet, ist lang. Ebenso vielfältig ist sein beeindruckendes Werk. Wortgewandt vertritt er seine theologischen Entdeckungen, seine Gegner fürchten und bewundern seine machtvolle Rhetorik. Doch nicht nur im Streitgespräch findet man den sprachgewaltigen Luther. In einer Hommage an ihn schreibt Friedrich Schorlemmer: „Luther ist ein Mann der einfachen, bildhaften Sprache. Das hat ihn populär gemacht. Bisweilen wird er heftig und deftig, dann wieder sehr bedachtsam, feinsinnig."

Diese Sprachgewalt Luthers erreicht einen Höhepunkt in seinen Neuschöpfungen für die Bibelübersetzung, die das Deutsche bis heute bereichern: Lückenbüßer, Feuertaufe, Machtwort oder Lockvogel sind nur einige Beispiele. Sie sind der hebräischen und griechischen Vorlage förmlich abgerungen: „... wo wir haben müssen schwitzen und uns ängsten, ehe denn wir solche Wacken und Klötze aus dem Weg räumeten ..." Übersetzen ist für Luther nie blutlose Schreibstubenarbeit, sie ist ein geradezu physischer Kraftakt: „Luther hat nach dem Wort gesucht, das trifft, und an Worten gefeilt. [...] Seine außerordentliche Sprachbegabung und poetische Kraft sind bis heute unübertroffen, in seinen Texten fügen sich Sinnlichkeit und Geistigkeit zu einer beglückenden Einheit", resümiert Schorlemmer. Kein Wunder, ist doch die deutsche

Sprache Luthers wichtigste Verbündete bei dem Bemühen, seinen Mitmenschen den Weg zum Glauben zu weisen. Sinnlich und Geistig. Jede und jeder soll verstehen können und in Glaubensfragen mündig werden. Auch darum lauscht der Reformator der Sprache seiner Zeitgenossen und schaut dem „Volk aufs Maul".

Luthers Kreativität ist nie frei schwebend, sie wurzelt tief im Alltag der Menschen. Und die haben es ihm gedankt: Seine Schriften haben ein ungekanntes Ausmaß an Verbreitung und Erfolg erfahren.

Auch der Theologe Luther ist immer nah bei seinen Mitmenschen. Keine thematische Anfrage lässt er unbeantwortet. Göttliche und weltliche Sphäre sind für ihn untrennbar verbunden, das Leben in all seinen Facetten steht im Fokus seiner Theologie. Das Nachdenken über den christlichen Glauben und die biblischen Schriften sind für ihn nie nur eine intellektuelle Herausforderung, sie bilden das lebendige Herz seines Handelns und Schreibens. Sein Denken pulsiert geradezu und diesen Herzschlag des Glaubens spürt man in allen seinen Schriften, Predigten und Briefen.

Ulrich Lilie

Luthers Modernität

Bald schon wird das Reformationsjubiläum als Höhepunkt der Reformationsdekade gefeiert. Grund zu fragen, welche Aktualität Martin Luthers Denken besitzt. Vor 500 Jahren galt Religion noch nicht als Privatsache, sondern bildete die Grundlage der Gesellschaft. Man reduziert Luther, wenn man ihn aus der Perspektive fachwissenschaftlicher Theologie betrachtet. Mit heutigen Maßstäben gemessen, wäre er Philosoph und Politiker, denn er hat über alle Bereiche des Lebens und der Gesellschaft geschrieben, Verhaltensnormen definiert und mitgeholfen, neue Strukturen zu schaffen. Von provozierender Aktualität sind für mich seine drei Prinzipien: Freiheit, Verantwortung, Gewissen. Sie resultierten aus der welthistorischen Entdeckung des Subjekts, gefunden als Luther in höchster Not dem ICH im Glauben begegnete.

Auf diesen Prinzipien beruhen die Menschen- und Bürgerrechte. Seine Frage „Wie bekomme ich einen gnädigen Gott?" lautet heute: Wie lebe ich richtig in einer gefährlichen Welt als MENSCH. Denn es hat allen Anschein, dass der zu Beginn des 16. Jahrhunderts von Martin Luther entdeckte Mensch zu Beginn des 21. Jahrhunderts als „Datenabgase" verpufft. Die Spuren, die Menschen im Internet hinterlassen, nennt man „Datenabgase". Sie ermöglichen die Sammlung von Daten, um Denk-, Bewegungs-, Angst- und Hoffnungsprofile zu erstellen. Orwells „1984" ist gegen unser 2015 eine fast wünschenswerte Utopie. Die Wissenschaftlerin Shoshana Zuboff warnt vor dem Überwachungskapitalismus, der auch von Firmen wie Amazon, Facebook und Google ins Werk gesetzt wird. Der Mensch interessiert nur noch als Datenschürfplatz.

Von Martin Luther kann man hingegen lernen, dass es auf den Menschen ankommt, der Gottes Ebenbild ist und deshalb frei.

Wie sehr die Herrschenden, Kirche wie Adel, auf Bauern, Bergleute, Handwerker, Kaufleute und Bürger herabblickten, ihr Volk verachteten, indem sie bedingungslos Gehorsam verlangten, belegt das Ansinnen an den Kritiker Luther, sein Gewissen fahren zu lassen. Und zur Sternstunde von Worms gehört, dass er gegenüber Kaiser Karl V. die Christus-Worte zitiert, er sei nicht gekommen, Frieden zu bringen, sondern das Schwert.

Wenn nichts von Martin Luther bliebe als diese Zivilcourage, für seine Überzeugung einzustehen, so wäre es schon überreichlich. Er verteidigt das schutzlose Individuum gegen das Establishment und wirft ihm den Fehdehandschuh hin. Um Christi Willen! Um des Menschen Willen.

Martin Luthers Erfolg beruhte darauf, dass er erkannt hatte, dass die politische Form Europas für den freien Menschen die regionale ist. Europas Größe und Kultur resultieren aus dem Reichtum und der Vielfalt der Regionen. Nicht Merkel, nicht Renzi, nicht Hollande und auch nicht Juncker sind Europa, sondern Dante Alighieri, Martin Luther, René Descartes, Miguel Cervantes und Isaac Newton, nicht im politischen Brüssel findet man Europa, sondern in den Regionen. Luther würde davor warnen, wie Hans im Glück unsere Identität gegen Gesichtslosigkeit einzutauschen. Die besten Erfahrungen haben die Menschen Europas mit ihrer facettenreichen Regionalität

gemacht. Das neue Europa benötigt starke und weitgehend autonome Regionen, es bedarf der demokratischen Teilhabe der Bürger und nicht der Entmachtung des Souveräns durch Institutionen. Dafür stand der Mönch in Worms wider dem Zentralismus, der damals ein römischer war. Gern wird das Argument bemüht, dass die Globalisierung uns nötige, einen europäischen Zentralstaat zu errichten, sie lasse uns keine andere Wahl, als ein Freihandelsabkommen abzuschließen. Die Globalisierung führe dazu, dass sich leider prekäre Arbeitsverhältnisse bilden, wir Banken retten und dem Mittelstand das Rückgrat brechen müssen, die Globalisierung hat eben zur Folge, dass wir Sozialität, Freiheit, Werte über Bord zu werfen haben, damit wir dadurch leichter geworden wettbewerbsfähig bleiben. Aber, würde Martin Luther fragen, welchen Götzen beten wir da an? Wo bleibt der Mensch und seine Freiheit?

Im Jahr 1517 ging fernab von den Metropolen der Welt aus dem provinziellen Wittenberg ein Ereignis aus, das die Welt verändern sollte. Die Empörung darüber, in einer glaubensfernen und korrupten Welt zu leben, brach in einem einfachen Mönch aus, der nicht weiter dulden wollte, dass die Menschen betrogen, ausgebeutet und verhöhnt werden, dass sie dort ihr Seelenheil verspielen, wo ihnen eingeredet wird, es zu gewinnen. Luther ist der vielleicht modernste Denker. Er lehrt uns, unsere Verantwortung wahrzunehmen, frei nach den Maßgaben unseres Gewissens zu handeln – und nur nach ihm, weil es „nicht ratsam ist, gegen sein Gewissen zu handeln".

Wir benötigen eine neue Reformation. Und einen neuen Martin Luther. Einen? Nein viele, die sein Erbe annehmen und nutzen.

Klaus-Rüdiger Mai

Luthers Wittenberg

Deutschland wird bekanntlich von einer Pfarrerstochter aus dem Osten regiert. Der Bundespräsident ist ebenfalls ein Pfarrer aus dem Osten. Das heißt, Wittenberg ist plötzlich so eine Art geistige deutsche Hauptstadt geworden. Denn in Wittenberg ist das Rollenmodell „evangelischer deutscher Pfarrer" ja erfunden worden, von Martin Luther und seinen Freunden. Außerdem war Wittenberg, ähnlich wie später Weimar, eine Zeitlang das Zentrum des deutschen Geisteslebens, the place to be für Philosophen, Wissenschaftler und Künstler.

Sie nannten Wittenberg: das Rom der Protestanten.

Heute hat das ostdeutsche Rom knapp 50 000 Einwohner, mit sinkender Tendenz. Es gehört zum Bundesland Sachsen-Anhalt und ist mit dem ICE von Berlin aus in nur 40 Minuten zu erreichen. Vom Bahnhof erreicht man dann zu Fuß in zehn Minuten die Altstadt, die in einem recht ausgewogenen Verhältnis aus renovierten Häusern, verfallenden Häusern und Baustellen besteht, dazwischen ein paar Baulücken. Etliche Geschäfte stehen leer. Die geöffneten Geschäfte haben sich meist auf das untere Preissegment spezialisiert.

Wittenberg ist keine Boomstadt, das sieht man. Anlass zur Hoffnung gibt die nahende Jahreszahl 2017, dann sollen 500 Jahre Reformation gefeiert werden, weltweit, aber ganz besonders in Wittenberg. Deshalb die vielen Baustellen.

Um 1500 herum war Wittenberg noch viel kleiner, 2000 Einwohner. Eine Spezialität dieses Städtchens scheinen drollige Fürstennamen gewesen zu sein. In Wittenberg regierten in enger zeitlicher Nachbarschaft Friedrich der Streitbare, Friedrich der Sanftmütige, Johann der Beständige und Johann Friedrich der Großmütige. Am besten ist

Friedrich der Weise in Erinnerung. 1502 gründete Friedrich der Weise die erste nichtkirchliche Universität in Deutschland. Eigentlich war die Gründung von Universitäten damals ein Monopol der Kirche.

Fortan besaß Wittenberg diese magnetische Wirkung auf unangepasste Intellektuelle. 1505 kam der Maler Lucas Cranach, 1508 übernahm der Theologe Martin Luther einen Lehrstuhl. 1518 zog der Philosoph Melanchton in die Stadt, später lehrte hier auch Lessing. Wittenberg wurde außerdem ein Zentrum des Buchdrucks. Am 31. Oktober 1517 nagelte Luther dann seine 95 Thesen an die Tür der Schlosskirche. Das war der Höhepunkt der Stadtgeschichte. Das endgültige Ende der Blütezeit lässt sich ebenfalls genau datieren. 1817, Wittenberg gehörte inzwischen zu Preußen, ließ Friedrich Wilhelm III. die Universität schließen und verwandelte, jeder Zoll ein Preußenkönig, die Unigebäude in Kasernen.

Offiziell heißt dieses Gemeinwesen inzwischen „Lutherstadt Wittenberg", was man für ein geistiges Erbe der DDR zu halten geneigt ist und für ziemlich dusslig – als ob man Weimar in „Goethe-Schiller-Stadt" umbenennt, Mainz in „Gutenbergstadt" oder Templin in „Angela-Merkel-Stadt". Aber nein, die Umbenennung wurde bereits 1922 beschlossen.

Das erste Zeugnis des goldenen Zeitalters, beim Betreten der Altstadt, ist die Luthereiche. Die Eiche wurde dort gepflanzt, wo Martin Luther einst einen Drohbrief des Papstes öffentlich verbrannt hat. Der Papst erklärte Luther anschließend endgültig zum Ketzer, er galt als vogelfrei, jeder durfte ihn töten. Der Papst war wirklich extrem verärgert über Luther wegen der Verbrennung seines Briefes. Die Originaleiche wurde in den napoleonischen Kriegen gefällt, als die Preußen Wittenberg belagerten und der französische Stadtkommandant, sowieso katho-

lisch, ein freies Schussfeld für seine
Truppen schaffen wollte. Heute steht
da nur noch eine Ersatzeiche, mit
einer steinernen Bank und einer Aufschrift darüber: „Habe stets Gutes im
Sinn."

Dann erreicht man das Lutherhaus.
Dort hat er gewohnt, zuerst allein,
als Mönch und Theologieprofessor,
später, als er dann evangelisch war,
mit seiner Frau Katharina, genannt
Käthe, und den zahlreichen Kindern.
Das Lutherhaus enthält ein brand-
neues und informatives Museum.
Die Besucher kommen vor allem aus
Berlin, aus den USA und aus Süd-
korea. Sagt die Dame an der Kasse.
Südkoreaner seien große Lutherfans.
In den USA trägt sogar eine christliche Satirezeitschrift den Namen
„The Wittenburg Door", leider ist
der Name der Stadt im Titel falsch
geschrieben.

Zu sehen sind in dem Museum
meist Bilder und Bücher.

Aus dem Fenster fällt der Blick auf ein paar zerbröselte Gebäudereste, dort hat sich in einem Nebengebäude mal Luthers Arbeitszimmer befunden. Es wurde um 1840 herum abgerissen. Auch in dem Wohnraum ist, bis auf den Kachelofen, eigentlich nichts mehr original. Der Tisch, an dem Luthers berühmte Tischgespräche stattfanden, musste erneuert werden, weil Souvenirjäger allzu viele Holzstückchen abgehobelt haben.

Erst die Eiche weg, dann das Arbeitszimmer perdu, dann die Wohnung futsch – der Protestantismus hat Pech mit seinen Gedenkstätten. In Weimar könnten Goethe und Schiller heutzutage jederzeit wieder in ihre fast unveränderten alten Wohnungen einziehen und sich an ihre alten Schreibtische setzen. In Wittenberg ist sogar der große Hörsaal der Universität nur eine Rekonstruktion, beendet 1967. Luthers Zeit ist länger her als die Zeit Goethes, stimmt schon.

Es hängt aber wohl auch mit dem protestantischen Geist zusammen, der zur Kargheit und Strenge tendiert und Bilder skeptisch beurteilt, offenbar auch Bilder von der Vergangenheit. In einem Text, der im Museum zu lesen ist, äußert Stefan Rhein, Direktor der Stiftung Lutherstätten,

den Gedanken, dass der Protestantismus keine „Theorie des Ortes" besitze. Die Evangelischen waren von Anfang an gegen Sentimentalitäten und Kitsch, gegen die Vermischung von Religion und Magie, für Glauben pur. Da ist es natürlich nur konsequent, wenn Luthers Arbeitszimmer abgerissen wird. Unter touristischen Gesichtspunkten kann Glauben pur aber ein schweres Handicap sein.

Martin Luther ist ein fleißiger Viel- und Schnellschreiber gewesen, der auch vor Liedtexten und Fabeln nicht zurückschreckte. Die Übersetzung des Neuen Testaments, diesen Meilenstein nicht nur der Theologie, sondern auch der Literatur, hat er in elf Wochen hinbekommen. Kein einziger Dichter hat die deutsche Sprache so bereichert wie der Theologe Martin Luther, fast jeder richtig gute bildhafte Ausdruck geht auf Luther zurück – Bluthund, Machtwort, Schandfleck, Lückenbüßer, Lockvogel, auch „Perlen vor die Säue werfen", „ein Herz und eine Seele" oder „die Zähne zusammenbeißen". 1521 wird er vor die Reichsstände in Worms zitiert, er soll seine Ideen widerrufen. In Worms fällt eines der bekanntesten Lutherzitate: „Hier stehe ich, ich kann nicht anders." Denkt man. In Wirklichkeit wurde diese prägnante Formulierung leider

an Studenten. Sie braute Bier, und zwar reichlich. Jährlich verbrauchte die Familie Luther 4500 Liter davon, obwohl Martin selbst ein fleißiger Weintrinker gewesen ist, da ähnelt er Goethe und nicht dem Ideal der Kargheit. Dass sich im Müll auch Glasscherben fanden, beweist, dass Luthers nicht sparen mussten. Glas war extrem teuer.

Vom Lutherhaus ist es nicht weit nach St. Marien, der Stadtkirche, wo 1521 Justus Jonas der Ältere und Andreas Bodenstein die erste evangelische Messe gelesen haben, auf deutsch statt auf lateinisch und in ganz normaler Alltagskleidung, nicht in Liturgiegewändern. 2000 Gläubige waren gekommen, das heißt, die gesamte Stadt. In der Kirche steht, ein bisschen überraschend, ein Fernseher, wo nonstop evangelische Videos gezeigt werden. Die Kirche ist eingerüstet, bis zum Jubiläum 2017 soll sie komplett renoviert werden. Deshalb kann auch die „Judensau" zur Zeit nicht besichtigt werden. Die „Judensau" ist ein Relief aus Sandstein, außen. Es zeigt ein Schwein und einige Juden, die mit ihm auf verschiedene Weisen Geschlechtsverkehr haben. Darüber steht etwas auf Hebräisch, ein im jüdischen Verständnis heiliger Text. „Judensäue" an Kirchen waren im christlichen Mittelalter

erst später in seine Wormser Rede hineinredigiert, von wem, ist unbekannt.

Im Keller des Lutherhauses lernen die Besucher etwas über Luthers Alltag. Im Stadtgraben wurden immerhin umfangreiche Müllbestände entdeckt, die mit hoher Wahrscheinlichkeit von Käthe weggeworfen wurden, darunter Gänseknochen, die der große Reformator womöglich persönlich abgenagt hat. Er war auch ein großer Esser und litt unter einem Gewichtsproblem. Es gab aber auch zahlende Gäste bei den Luthers, Käthe vermietete Zimmer

weit verbreitet, eine Methode, um Juden öffentlich zu demütigen, denn das Schwein gilt ihnen als unrein. Vor der Wittenberger Sau befindet sich inzwischen ein antirassistisches Mahnmal. Dass auch Martin Luther sich antisemitisch geäußert hat, wird im Museum nicht verschwiegen, auf Textbeispiele hat man allerdings schamhaft verzichtet.

Den Höhepunkt jeder Wittenberg-Tour bildet selbstverständlich die Schlosskirche. Sie gehörte in Luthers Zeit zur Universität und diente als Audimax, hier wurden akademische Reden gehalten und Diskussionen veranstaltet. Dass Luther ausgerechnet an dieser Kirchentür seine Thesen angeschlagen hat, klingt naheliegend.

Erste Überraschung: Die weltberühmte Schlosskirche gibt es gar nicht mehr. Sie ist 1760 zerstört worden, im Siebenjährigen Krieg. 1770 wurde ein Neubau eröffnet, dummerweise fiel auch der Neubau 1814 einem Krieg zum Opfer. Womit man es heute zu tun hat, ist ein Gebäude von 1892, neugotisch, sozusagen die Kopie der Kopie, nein, nicht direkt eine Kopie, denn die Originalkirche sah sicherlich anders aus.

Die Tür stammt natürlich ebenfalls aus neuerer Zeit und ist aus Bronze. Die 95 Thesen sind darauf abgebildet, naturgemäß in kleiner Schrift, das ist schließlich eine Menge Text. Ein Gitter hält die Besucher auf Distanz, schätzungsweise drei Meter. Lesen kann man gar nichts, klar, das ist alles schon ein wenig enttäuschend. Das Allerenttäuschendste ist aber die Erkenntnis, dass Luther seine Thesen womöglich überhaupt nicht hier angeschlagen hat. Der weltberühmte Moment ist nämlich von keinem einzigen Augenzeugen oder Zeitgenossen je bezeugt worden. Er wird lediglich, mehr als zwanzig Jahre später, von Luthers Sekretär in seinen Notizen erwähnt und gilt unter Historikern folglich als ganz und gar unbewiesen. Es könnte sich, ähnlich wie im Falle des Turmerlebnisses, um einen weiteren von Martin Luther in die Welt gesetzten Mythos handeln. Er war schon ein geschickter Dramaturg seiner Biografie. Gut reden und gut Geschichten erfinden konnte er ja, das ist unstrittig.

Harald Martenstein

Danke, Herr Sprachgenie

Ihr werdet finden das Kind, in Windeln gewickelt und in einer Krippe liegen." Geschätzte 50 Mal in meinem Leben habe ich diesen Satz gehört, er ist mir in Fleisch und Blut übergegangen. Lukas 2, die Weihnachtsgeschichte, die uns Heiligabend ergreift, anrührt, die uns in den Stall von Bethlehem katapultiert, – egal ob wir an diesem 24. Dezember real in einer schnuckeligen Bergkapelle oder einer viel zu hell erleuchteten Großstadtkirche sitzen. Bis vor kurzem dachte ich: Das liegt, memo-technisch, daran, dass ich den Satz schon so oft gehört habe. Es liegt, psychologisch, an den Schlüsselwörtern „Windel" und „Krippe". Und das stimmt wohl alles auch, aber erst jetzt habe ich in einem Vortrag des Ratsvorsitzenden Heinrich Bedford-Strohm verstanden: Es liegt auch daran, dass

Martin Luther den Satz so oft gedreht und gewendet hat, bis neun Mal der Buchstabe „i" nacheinander kommt. Sodass man ihn aufsagen kann wie einen Reim. „Ihr werdet finden das Kind, in Windeln gewickelt ..." Es ist auch die Phonetik, die uns diesen Satz immer tiefer in die Hirnwindungen dreht.

Er war schon ein Herrgotts-Sprachgenie, dieser Martin Luther. Ein echter Künstler, ein Magier, und wie selten ist eine solche Ausnahmebegabung. Und er wusste es auch. Das ist mir sehr sympathisch. Heute, in Zeiten des „irgendwie" und „ich hätte vielleicht" und „könnte es nicht sein", wusste dieser Mann ganz genau, was er da geschaffen hatte, welche gigantische Übersetzungsleistung. Werkstolz nennt man das wohl. „Es ist niemandem verboten,

ein besseres zu machen. Wer's nicht lesen will, der lass es liegen; ich bitte und lobe niemanden drum. Es ist mein Testament und meine Übersetzung und soll mein bleiben und sein."

„Glaubstu, so hastu, glaubst du nit, so hastu nit." Wenn man Luther liest, ist man manchmal regelrecht erleichtert. Wie klar! Wie entschieden! Man bräuchte das so oft: Klartext. Stehen zu dem, was man geschaffen hat im Schweiße seines Angesichts. Ein Lutherwort. Das in Fleisch und Blut überging. Auch das, „Fleisch und Blut", ein Lutherwort. Danke, Herr Sprachgenie – für uns Journalisten bist Du ein Vorbild, seit 500 Jahren und noch lange darüber hinaus!

Ursula Ott

Luther continua!

Wie sollte man aus der Sicht der Gegenwart dem Protestanten Martin Luther besser gerecht werden als durch eine gewissermaßen ketzerische

THESE.

Diese geht so: Luther war der Bill Gates der Reformation. Nicht etwa in unternehmerischer Lesart. Vielmehr als jemand, der die gerade mit Johannes Gutenberg aufgekommene Technologie der Zeit – den Buchdruck mit beweglichen Lettern – mit dem wichtigsten 'Content' belieferte: dem griechischen Urtext der Bibel – in sprachlicher Form übersetzerisch aufbereitet für den deutschen Sprachraum und zudem lesbar für jeden Lesekundigen. Und somit gleichermaßen einen frühen sprachlichen Standardcode schuf, den wir heute die hochdeutsche Sprache nennen.

ANTITHESE, aphoristisch

Der Apfel fiel auch vor der Reformation schon vom Stamm, jedoch nicht sehr weit. Und wie nun? Dort wurde der Apfel aufgelesen – die lesekundige, hintersinnige und auch machtbewusste Gruppe der Befugten und der Hüter verteilte das mundgerecht bereitete Apfelconfit an die rechtmäßig legitimierten Mitglieder der Gemeinschaft. Die Äpfel bekam die Gemeinschaft aber nicht ausgehändigt.

Bis dann ein Herr Luther begann, im eigensten Sinne des Wortes 𝕱𝖗𝖆𝖐𝖙𝖚𝖗 zu reden, also Klartext. Über den wohlfeilen Preis des Sündenablasses und dergleichen Ungeheuerlichkeiten mehr.

SYNTHESE , modern

Let {text} =x {text; deutsch}

Der Code sei die Botschaft. In den Details der Zeichenketten des Textes liegt nicht mehr allein der Teufel der Deutungshoheit, sondern genauso der gnädige Gott – der den Text allen zur umsichtigen Annäherung anheim gibt. Nun also. Die Quellen sind offen. Luther continua!

Daniel Penschuck

Der dritte Luther in Wittenberg

Wittenberg ist Lutherstadt, für viele vor allem ein assoziationsreicher Symbolort. Doch Wittenberg ist auch ein realer Ort, will Diskursort sein, in den neben den musealen Haltepunkten auch künstlerische Reibungspunkte einladen.

Harald Birck ist nicht der einzige Heidenheimer, der sich von Martin Luther provozieren lässt. Aus Heidenheim an der Brenz stammt auch Kardinal Walter Kasper, viele Jahre Präsident des vatikanischen Einheitsrates. Er greift die EKD an, sie wolle das Reformationsjubiläum 2017 in „nationalkirchlicher konfessionalistischer Eigenbrötelei" feiern, da sie in ihrer programmatischen Schrift „Rechtfertigung und Freiheit" den bisherigen ökumenischen Konsens z. B. in der Rechtfertigungslehre nicht hinreichend würdige.

Harald Birck kann sich glücklich schätzen, nicht auf dem (kirchen-) politischen Parkett agieren zu müssen. Denn hier ist der Kampf um die Interpretationshoheit voll entbrannt: Darf überhaupt ein Jubiläum gefeiert werden oder ist 2017 nicht vielmehr „nur" ein Gedenkjahr – angesichts der konfessionellen Spaltung und ihrer zum Teil verheerenden kriegerischen Auswirkungen? Darf Luther Mittelpunkt eines freudigen Festes sein – angesichts seiner unerträglichen antijudaistischen Schriften? Stellt eine Lutherfeier nicht eine Person unangemessen in den Mittelpunkt oder doch lieber ein Reformationsjubiläum oder noch besser: ein Christusfest? Und wem gehört Luther: nur dem deutschen Protestantismus oder vielmehr der gesamten Zivilgesellschaft? Auf jeden Fall reicht Luthers Präsenz weit über die

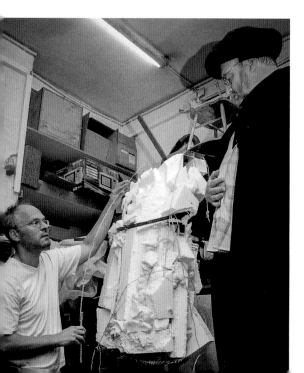

deutschen Grenzen hinaus, wenn man die internationale Wirkungsgeschichte der Impulse Luthers für die Idee der Freiheit, für das Recht auf allgemeine Partizipation an Bildung oder für die Entwicklung der Berufsethik in Rechnung stellt.

All das kann fernbleiben, wenn der Blick sich auf den Menschen Martin Luther konzentriert. Nun also nach Marktplatz und einem Standbild auf einer hohen Kandelabersäule in der Schlosskirche, geschaffen von dem heute kaum noch bekannten Künstler Otto Riesch, der dritte Luther in

Wittenberg: in einem Hotelfoyer. Runter vom Sockel: ein Abstieg? Oder nicht vielmehr eine mehr als überfällige Annäherung, die Einladung zur direkten Auseinandersetzung? Luther war und ist nicht leicht zu haben, war oft cholerisch und grob, litt an Anfechtungen, Depressionen, Krankheiten und kannte die Einsamkeit. Gegen die Gefährdung, in sich gekrümmt, sich von Gott und der Welt verlassen zu fühlen, kämpfte er, indem er die Menschen aufsuchte und mit Freunden gesellig war, sich ihnen öffnete.

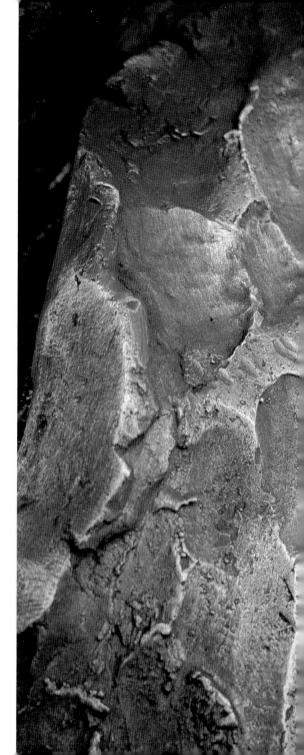

Bircks Luther ist fremd, zerklüftet, imposant. Gerade in Wittenberg erscheint er irritierend, da sich hier rund um den Reformator eine heritage industry gebildet hat, die eher zum Weichspülen tendiert. Event-Führungen, das Stadtfest „Luthers Hochzeit" oder Luther-Abendessen mit und ohne „Martin Luther" (gern auch in Kombination mit „Katharina") produzieren ein Luther-Bild, das den derben Sprücheklopfer in den Mittelpunkt stellt. Das Freilichtmuseum Wittenberg kann Irritation sehr gut vertragen, um auf dem Weg der Fokussierung auf Event und Unterhaltung zumindest ins nachdenkliche Stolpern zu kommen. Bircks Luther erschließt sich nicht aus der geläufigen Luther-Imagination, sondern zwingt zum genauen Hinschauen. Er reicht dem Betrachter die Hand und eine unbeschriebene Papierrolle. Ein Text ist nicht vorgegeben. Der Text des Glaubens muss vielmehr von jedem selbst geschrieben werden.

Stefan Rhein

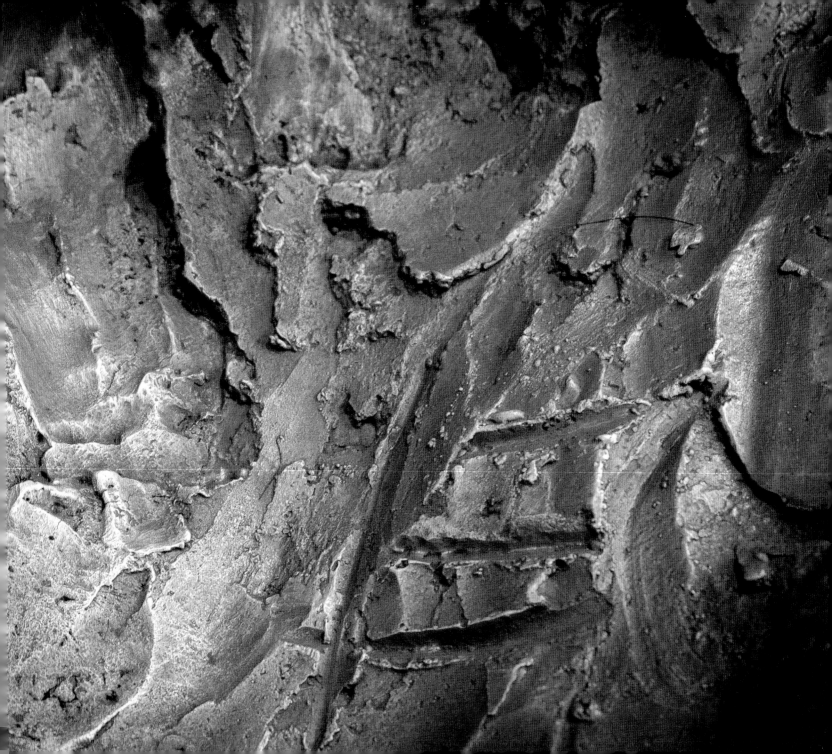

Die Kultur der Reformation –
unser aller Kultur

Der hin und wieder gehörte Satz „Ich glaube nicht an Gott, Luther und die Reformation gehen mich also nichts an" ist in jeder Hinsicht falsch, aber er ist besonders unsinnig mit Blick auf die Kultur. Eine Japanerin wurde einmal gefragt, warum sie im Tempelschrein regelmäßig Kerzen anzünde, obwohl sie doch nicht im engeren Sinne gläubig sei. Sie antwortete: Aber das ist doch meine Kultur und Identität. Welche andere sollte ich denn haben?

Die Reformation Martin Luthers und Philipp Melanchthons war und ist ebenso ein Kultur- und Bildungsereignis wie eine Revolution des Glaubens und des kirchlichen Lebens. Der hier angesprochene Begriff der Kultur greift über den Begriff des städtischen Kulturetats hinaus und erfasst den Gegensatz zur Natur. Kultur ist das gesamte zivilisierte Leben, wie es sich im Laufe der Menschheitsgeschichte mit Fortschritten und Rückschritten über den engeren Kreis der menschlich-tierischen Triebe oder, wie man heute sagen würde, des Konsumimpulses, erhoben hatte. Ein solcher weiter Kulturbegriff bezeichnet beispielsweise soziale Verhaltensweisen, rechtliche Normen, Sprache, Kulturfertigkeiten, Landwirtschaft, Weinbau, Umgangsformen, Musik, Poesie, Literatur, die Heilkunst und alle Künste, Ethik, Rituale und Denkweisen, Liturgien, Wissenschaften, Wirtschaftsformen, Handwerkskulturen und Religionen.

Der Reformation ist zu bescheinigen, dass sie unsere Kultur in diesem umfassenden Sinne geprägt hat. Oder soll man sagen – hatte? Die enge Verbindung der Religion zu den Künsten, das neue Medium des Buchdrucks, die enge Verbindung zur staatlichen Obrigkeit hat zu dieser Einflussnahme der Reformation beigetragen. Mehr noch hat sie aber auch Lebenshaltungen und Gesellschaftskonzepte geprägt. Kurz gefasst: Kein Bach ohne Luther, kein Mozart und Wagner ohne Bach. Keine Glaubens- und Gewissensfreiheit, keine bürgerliche Freiheit ohne die Reformation. Keine Wissenschaftsblüte im 19. und 20. Jahrhundert ohne den Bildungsaufbruch um den Reformator Melanchthon und die Bildungsanstrengungen auch der Gegenreformation. Die Hauptbotschaft der Weimarer Klassik „Alle Menschen werden Brüder" stammt letztlich auch aus dem Fünklein der standesunabhängigen Gottesgeliebtheit, aus der Verwandlung des Untertanen in einen „Menschen", aus den Freiräumen, die man sich gegenüber allmächtigen staatlichen und kirchlichen Institutionen erkämpft hatte. Das Schöne ist dabei auch immer Gottes Schöpfung und Mittel zum besseren Menschen. Bildung und Urteilskraft, eigenes Lesen- und Schreibenkönnen macht den freien Menschen. Schiller sagt im Gegensatz zu Goethe: Demokratie ist möglich, wenn der Mensch geistige und ethische und ästhetische Bildung hat. Wie weit war die damalige Welt davon entfernt, wie weit sind wir heute davon entfernt? Was heißt das eigentlich für unser Staatswesen?

Mit einigem Stolz darf gesagt werden, dass die christlich-jüdische Überlieferung der Weisheit, der Ethik und der Menschheitserfahrung, die Formung der deutschen Sprache durch Martin Luthers Bibelübersetzung, der Aufschwung der Kirchenmusik und der Musik überhaupt kulturelle Monumente geschaffen hat, die Ihresgleichen suchen und von denen wir uns im Moment in Lichtgeschwindigkeit wieder entfernen. Nicht zufällig nähern wir uns dabei wieder den basalen Bedürfnissen, dem voraussetzungslosen und damit oft gehaltlosen Genuss, erliegen der mit viel Geld aktivierten Kette aus Triebanreiz und Triebbefriedigung. Wir musizieren nicht, sondern konsumieren Musik. Wir bemühen uns nicht um das Verständnis fünfstimmiger Fugen, sondern fallen in einfache und einfachste Formen zurück. Wer soll aber unsere Traditionen pflegen, wenn nicht wir?

Sind wir in unserer deutschen Literatur zuhause? Können wir mit anderen verantwortlich über Geschichte diskutieren? Wenn wir wissen, dass Geschichtsbilder oft dem nationalen und politischen Missbrauch unterliegen, wie wollen ohne eigene Geschichtskenntnisse solche Debatten bestehen?

Kultur will gepflegt sein und an künftige Generationen als Wert und Lebensgut übergeben werden. Kultur ist immer Vergangenheit, Gegenwart und Zukunft. Sonst verschwinden Werte und Lebensqualitäten, die über Jahrtausende Schritt für Schritt geschaffen wurden.

Wie beeindruckend ist es, dass sich arm und reich in der Moskauer U-Bahn eisern an ihre wunderbare Nationalliteratur halten und darin Gesprächs-, Denk- und Ethikgrundlagen finden im Verhältnis zu Gleichen und Fremden. Wie selbstverständlich wollen die Teilnehmer einer türkischen Hochzeit auf Musik tanzen, die in ihren Grundformen schon vor 100 oder 500 Jahren von den Vorfahren getanzt wurde. Solche überlieferten Kulturfertigkeiten bieten Heimat in einer unübersichtlichen Welt. Wer weiß bei uns noch, welche Musik vor 100 Jahren auf einer Hochzeit gespielt wurde? Welche deutsche Jugendgruppe kann der unbändigen Sangeslust italienischer Schulklassen mit ihren italienischen Chansons etwas entgegensetzen? Soll man die ständig wechselnden internationalen Charts anstimmen, deren Werbeetat sie zu uns dringen lässt?

Wer sich von seiner Kultur entfernt, fällt als Dialogpartner für andere Kulturen aus. Er wird große Integrationsleistungen gegenüber

Flüchtlingen und Migranten nicht bewältigen, da er keinen gemeinsamen Nenner, keine Kulturgrundlage definieren kann, die eine Gesellschaft zivilisiert, befriedet und ihr ein gemeinsames Verständnis und gemeinsame Verständigungsformen in Bezug auf grundlegende Werte und die historischen Bezugspunkte gibt.

Kultur schafft jenseits aber auch aufgrund familiärer und regionaler Abstammung oder späterer Aneignung Identität. Ein Staatsvolk oder eine Bevölkerung mit einer ethisch begründeten Kultur sowohl der unverwechselbar eigenen und besonderen Merkmale wie auch der Gemeinsamkeiten mit anderen, fragt nicht nach Blutsabstammung und muss keine Fremden anzünden. Der kürzlich viel gehörte Satz „das sind keine Deutschen" fällt auf diejenigen zurück, die sich der Zivilisation und Ethik unseres Kulturkreises entziehen. Moderne Gesellschaftskultur entwickelt Formen der friedlichen Koexistenz von Verschiedenheiten,

sie bedarf aber auch der Erkenntnis oder der Förderung von Gemeinsamkeiten. Eine heutige Gesellschaft braucht eine Kultur der Vielfalt und schöpferische Kraft des Neuen, sie braucht aber auch gemeinsame kulturelle Werte und eine gemeinsame aktive, systematische und ernsthafte Kulturvermittlung.

Die Kulturnation verschwindet trotz des wiedervereinigten Nationalstaats und dies aus Gründen, die auch konservativ geführte Regierungen zu verantworten haben. Eltern, Kindergärten, Schulen und Universitäten haben dem übermächtigen System von Werbung und Verblödungsmedien kaum noch etwas entgegenzusetzen. Der Bildungskanon spielt keine Rolle im öffentlichen oder demokratischen Diskurs. Er wird oft sogar den Kräften unterworfen, denen Bildung eigentlich die Stirn bieten müsste. Wo ein Wort zu angemessenen Bildungsausgaben nötig wäre, legt eine steuerbefreite hauseigene Stiftung der oligarchen Supermarktkette oder des steuerbefreiten Medienkonzerns eine hochtrabende Studie vor. Wo familär- und herkunftsbedingte Defizite mit besonderer Energie ausgeglichen werden müssten, wird Musik und Kunst und Fremdsprachen vom Lehrplan gestrichen. Wo besonders gute Schulen und Lehrer gebraucht würden, finden sich besonders schlechte Bedingungen. Wo Gemeinsinn und interkulturelle Bildung erforderlich wären, wird in Massenmedien gegen Fremde und gegen Europa gehetzt. Wo ein kritisches Interview mit Bildungshintergrund gefragt wäre, werden treudoofe oder pseudoprovokative Fragen gestellt. Wo der Geburtstag Luthers, Schweitzers oder Bachs allgemein gefeiert werden müsste, schaut man „Deutschland sucht das Topmodel". Die großen Fragen des Lebens, jahrtausendeweise Antworten auf die Fragen, die geistigen Schätze unserer Vorfahren werden mit blödem Blick

über Bord geworfen: Was man nicht kennt, kann man gut hinter sich lassen.

Werte und Kultur sind nicht täglich neu auszuhandeln, sie sind auch kein Produkt demokratischer Meinungsbildung und können auch nicht von einer Religion oder Tradition allein diktiert werden. Wie wir aber eine gemeinsame Sprache brauchen, brauchen wir auch gemeinsame Wortverständnisse. Dazu zählen innere Bilder, Geschichten, ethische Regeln, Zeichen des gegenseitigen Respekts im Alltag, Werke der Kultur und Kunst wie dieser Bildband sie bietet. Auf dieses immer wieder neu zu vermittelnde und neu sich findende kulturelle Fundament können wir nicht verzichten. Eine der Hauptquellen dafür findet sich in der Kultur der Reformation.

Bernd Schlüter

Reformation – Befreiung durch das Evangelium Jesu Christi

Martin Luther – so schrieb sich der geborene Martin Luder, der als „Martinus Ludher ex Mansfeldt" 1501 in die Matrikel der Universität Erfurt eingetragen wurde, seit dem 31. Oktober 1517 – dem Tag, an dem er seine Thesen gegen den Ablass an seinen kirchlichen Vorgesetzten, Erzbischof Albrecht von Mainz, sandte. Das war der mutige Schritt eines berufenen Doktors der Theologie, der vielleicht mehr Unerschrockenheit erforderte, als die Thesen in Wittenberg „anzuschlagen"; aber auch dort wurden sie an den Türen der Kirchen publik gemacht.

Einen Brief an einen Vorgesetzten nicht nur zu entwerfen und ihn zu schreiben, sondern ihn auch abzusenden, ist eine riskante Sache. Die Folgen solcher Briefe sind nicht leicht überschaubar. Was wird geschehen? Welche Konsequenzen ergeben sich aus solcher Tat? Es ist nicht das erste und nicht das letzte Mal, dass Luther Mut bewiesen hat.

Mut und Demut liegen in Luthers Handeln ganz eng beieinander. Mit „ganz und gar ergebenem Herzen" schreibt „Euer unwürdiger Sohn" – und wagt es doch, gegen den höchsten Kirchenfürsten des Reiches seine Stimme zu erheben. Nicht um seiner selbst, sondern um der Gläubigen und der Sache Jesu Christi willen. Denn darin ist er sich ganz sicher: Was die Kirche den Gläubigen bietet, ist nicht das, was das Evangelium bezeugt, und auch nicht das, was diese Gläubigen brauchen. „Der wahre Schatz der Kirche ist das heilige Evangelium der Herrlichkeit und Gnade Gottes" (These 62). Nicht Unsicherheiten soll die Kirche propagieren, sondern Gewissheit, Glaubensgewissheit.

In der Auslegung zur 89. seiner 95 Thesen schreibt Luther: „Die Kirche bedarf einer Reformation, und die ist nicht das Werk eines einzigen Menschen, des Papstes, auch nicht vieler Kardinäle – wie beides das letzte Konzil [das V. Laterankonzil von 1512] erwiesen hat –, sondern der ganzen Welt, ja, allein Gottes. Die Zeit für eine solche Reformation kennt aber allein der, der die Zeit geschaffen hat. "

Der Anfang von Luthers öffentlicher Wirksamkeit war ein Ruf zur Umkehr, zur Buße, zu den Anfängen der Verkündigung Jesu. Das ganze Leben der Menschen soll auf Gott ausgerichtet sein, nicht einzelne religiöse Akte, die das falsche Leben nachträglich richtigstellen, damit es dann falsch weitergeführt werden kann. Richtiges Leben heißt Leben im Angesicht Gottes, hier und heute, täglich und überall. Dann wird das Leben ein vernünftiger Gottesdienst.

In seinem Wappen hat Luther seine ganze Theologie zusammengefasst – mit dem Kreuz im Herzen, „damit ich mir selbst Erinnerung gebe, dass der Glaube an den Gekreuzigten uns selig macht". Aus dieser Orientierung gewinnt er seine Kraft für die Welt – Glaubensgewissheit und Weltgestaltung gehören unauflöslich zusammen. Aus dieser orientierenden Kraft haben auch nachfolgende Generationen gelebt. Ohne diese Kraft aber wäre die Reformation nicht der Rede wert.

Warum hat Martin Luther über Jahrhunderte eine solche Wirkung entfaltet? Weil er die christliche Freiheit, die aus dem Evangelium Jesu Christi herrührende Freiheit, nicht nur gedacht und beschrieben, sondern weil er sie auch erlebt und erlitten hat – in Demut vor Gott, aus der der Mut gegenüber der Welt und den Menschen erwächst.

Johannes Schilling

Ein Mensch

Jenseits von Geschichtsbüchern, historischen Romanen und kirchengeschichtlichen Vorlesungen dann, irgendwann, nach Jahren: ein Mensch. Martin Luther. Sein strenger Blick und die vielen Legenden, die einen Willen durchschimmern lassen, der an Stärke kaum zu überbieten ist. Tintenfass und Thesenanschlag. Nicht schlimm, dass das nicht zu belegen ist. Die Wahrheit dahinter scheint trotzdem so hell, dass es nicht mehr möglich ist, in den Schatten des Nichtwahrhabenwollens zu flüchten. Da lebte ein Mensch, der die Welt in ihren Grundfesten erschüttert hat. Lesende Bauern und ihre weltliche Liebe lebende Mönche. Mündigkeit und Freiheit. Dahinter können wir nicht mehr zurück. Wollten wir es?

Jenseits von Luther-Socken und Luther-Spielfigur mit Feder und Bibel: ein Mensch. Vielleicht hätte er mal wieder mit der Faust auf den Tisch gehauen und die Magnettäfelchen mit dem Apfelbaumspruch von den Kühlschränken der Nation gefegt.

Es dauerte, bis ich mich näher dran wagte. Jenseits der beinah düster dreinschauenden Augen, des beleibten Körpers fand ich einen Mann mit Witz und Scharfsinn. Mit deftigen Worten und ebensolchem Geschmack. Ich las mitreißende Schriften wie „De servo arbitrio" oder „Von der Freyheith eines Christenmenschen" und wurde zu seiner überzeugten Anhängerin.

Reformatio. Wiederherstellung. Zurück zu den Quellen unseres christlichen Glaubens: Den Kern aus den gewachsenen Traditionen und Konventionen herausschälen. Und das nicht nur einmal, sondern immer wieder und jeweils neu. Auch heute und morgen ist es Zeit für eine Reformation. Das lerne ich von Martin Luther jedes Mal wieder neu. Seine Themen sind Themen des 21. Jahrhunderts. Mündigkeit und Freiheit. Und über allem diese Erkenntnis, die alles verwandelt, was verhärtet und bitter geworden ist: Die Gnade Gottes reicht weiter als unsere Vernunft. Sie ummantelt unsere Schwächen und unseren Hang zur Selbstgerechtigkeit. Martin Luther hat aller kirchlicher Geltungssucht und jedem geistlichen Machtmissbrauch eine klare Position entgegengestellt: „Sola gratia, sola scriptura, sola fide und solus Christus."

Jenseits von viel Folklore und Kitsch habe ich gefunden: Einen Menschen, der mit seinen Erkenntnissen und seiner Leidenschaft die damalige Welt in Aufruhr versetzt hat. Er hat das Potenzial dies auch heute noch zu tun. Es wäre an der Zeit.

Nora Steen

Luthers Botschaft: Mischt euch ein!

Christsein und Politik, Reformation und Politik – was diese Welten miteinander zu tun haben, darüber denke ich oft nach. Als Christ bin ich verantwortlich für mein Tun, aber eben auch für mein Nichttun. Auch das Sich-Heraushalten ist die Flucht vor Verantwortung. Im Matthäusevangelium gibt es eine schöne Stelle, in der es um das Jüngste Gericht geht: „Ich bin hungrig gewesen, und ihr habt mich nicht gespeist. Ich bin durstig gewesen, und ihr habt mich nicht getränkt … Ich bin krank und gefangen gewesen, und ihr habt mich nicht besucht … Wahrlich, ich sage euch: Was ihr nicht getan habt einem unter diesen Geringsten, das habt ihr mir auch nicht getan." (Matthäus 25,42–45). Das ist eine Ermahnung an Christen, nicht abseits zu stehen und nicht wegzugucken, wenn Menschen in Not geraten.

Die Reformation war in diesem Sinn ein Wendepunkt für das Verhältnis von Christen und der Welt. Luther hatte eine klare Botschaft: Mischt euch ein! Nehmt eure Verantwortung vor Gott und vor der Welt ernst! Das ist es auch, was mich bis heute anspricht an der Reformation und an Luther: die Aufforderung an jeden Einzelnen, schon im Hier und Jetzt für Liebe statt Hass, für Versöhnung statt Krieg einzutreten. Wenn wir im Vaterunser beten: „Dein Reich komme" – dann sind wir mitverantwortlich, Schritte auf dem Weg dahin zu gehen. Darin wohnt eine Bereitschaft zur Weltveränderung. Vor allem aber die Gewissheit: Die Zukunft ist offen!

Und dennoch: In der Außenpolitik klingt die Losung „Dein Reich komme" bestenfalls wie ein ganz, ganz weites Fernziel. Die Menschen wissen und spüren natürlich, wie weit Ideal und Wirklichkeit voneinander entfernt sind. Gerade in Deutschland wenden sich viele Menschen ab von den großen außenpolitischen Krisenherden und sagen: „Die Lage ist so verfahren – was kann man da schon ausrichten?"

Wenn ich das höre, denke ich an die Warnung von Dorothee Sölle:

Man dürfe sich von der Ohnmacht nicht überwältigen lassen. „Da kann man nichts machen", fand die Theologin, sei ein gottloser Satz. Und deshalb sage ich immer wieder: Doch, selbst in festgefahrenen Konflikten kann Außenpolitik etwas bewegen. Mit Augenmaß, Geduld, Gradlinigkeit und dem unbeirrbaren Willen, zu verhandeln und auch andere Standpunkte wahrzunehmen. Und in dem Wissen, dass es immer Alternativen zum Krieg gibt.

Aber natürlich heißt Reformation mehr als mitmachen. Wir sollen das nach christlichen Maßstäben tun. Unser evangelischer Glaube gibt uns ein Fundament, eine Richtschnur für unser Handeln. Er ruft uns auf, Überzeugungen zu haben, zu ihnen zu stehen, Fragen zu stellen und uns unseres eigenen Verstandes zu bedienen – und nicht die Geduld zu verlieren. Auch das trifft sich gut mit meinem eigenen Erleben in der Politik. Denn in der Außenpolitik, bei allem Leid, Elend und Blutvergießen, können wir den Erwartungen nach schnellen Erfolgen, nach richtigen

Lösungen noch viel weniger gerecht werden als in der Innenpolitik. Unser Geschäft ist es eher, dass wir uns auch im Zustand totaler Aussichtslosigkeit um kleinste Fortschritte bemühen. Immer gibt es Hoffnung – und Rückschläge. Genau dazwischen liegen unsere Möglichkeiten, immer wieder.

Frank-Walter Steinmeier

Couragiert und gradlinig

artin Luther war ein Mann, der für mich für zwei wesentliche Begriffe in unserer Gesellschaft steht: Zivilcourage und damit Gradlinigkeit. Außerdem dachte er stets modern und war mit seinen Vorstellungen, Ideen und Handlungsweisen seiner Zeit weit voraus. Auf der Basis dieser Werte hat er sich sein Leben lang unter meist äußerst schwierigen Bedingungen vorbildlich engagiert und damit viel bewegt. So gesehen kann Luther immer für viele Menschen ein Vorbild sein. Unabhängig von der von ihm initiierten und gegen massiven Druck von Staat und Kirche durchgesetzten Reformation mit all ihren theologischen und politischen Auseinandersetzungen. Zwei Stationen seines aufregenden und kämpferischen Lebens sind für mich beispielhaft. Vor fast 500 Jahren schlug er an der Schlosskirche in Wittenberg seine 95 Thesen an.

Heute mutet das auf den ersten Blick eher unspektakulär an. Doch damals war das eine beachtliche Aktion. Zu einer Zeit, als gerade der Buchdruck erfunden war, verstand es Luther, seine inhaltlichen Botschaften geschickt unters Volk zu bringen und ihm damit, so wie er es einmal formulierte, „immer aufs Maul zu schauen".

Im Nachhinein kann man ihn daher ohne Wenn und Aber auch als journalistischen Pionier würdigen und ihm viel Einfallsreichtum bescheinigen. Würde er heute leben, wäre er sicher einer der ersten gewesen, der zunächst in Fernsehen, Radio und Zeitungen seine Meinung kundgetan hätte, ehe er mittlerweile nach der Erfindung von Internet und sozialen Netzwerken digital ganz vorne dran gewesen wäre.

Harald Stenger

Von der Urangst zum Urvertrauen

Manchmal verlockt mich der Gedanke: Wie wäre es, wenn Martin Luther uns besuchen könnte? Eine verführerische Vorstellung. Ich meine: Das Jahr 2017 böte sich an. Zum großen Jubiläum kommt der gefeierte Gründervater noch mal vorbei und schaut neugierig, was die Kirche aus seinen geistlichen Idealen gemacht hat.

Doch dann wird mir mulmig zumute. Könnte es sein, dass der Reformator feststellen müsste: Äußerlich hat sich in den 500 Jahren gar nicht so viel geändert. Ja, seien wir doch ehrlich: „Dem Volk aufs Maul schauen" wir immer noch nicht. Zumindest deuten die Milieustudien darauf hin, dass wir an vielen vorbeireden.

Dass unser sonntäglicher Gottesdienst, wie von Luther ersehnt, für „jeden Heiden auf dem Feld" nachvollziehbar ist, kann mal wohl kaum sagen. Und dass die Melodien unserer Kirchenlieder auch den Geschmack des Jahrmarkt-Publikums treffen, ist nach wie vor weder der Fall, noch gewünscht. Armer Martin!

Allerdings: All diese Gestaltungsideen waren ja ohnehin nur Mittel zum Zweck. So wie auch seine Auflistung der grandiosen „Soli". Ja, Luthers „Erneuerungen" basierten samt und sonders auf seiner existenziellen Erfahrung: Der Mensch kann doch „vor Gott gerecht werden". Nicht aus eigener Kraft. Gott bewahre. Allein durch die Gnade eines liebenden Herrn im Himmel.

Das erkannte ein Mann, der jahrzehntelang davor gezittert hatte, in die Hölle zu kommen. Der von einer Urangst erfüllt war. Und der dann erleben durfte, dass die Urangst dem Urvertrauen weichen kann. Das nenne ich mal „Reformation".

Von der Urangst zum Urvertrauen. Von der Verzweiflung zur Lebensfreude. Von der Ohnmacht zur Tatkraft. Wenn einem Menschen ein derartiger Glaubenssprung wiederfährt, dann ist er wahrhaft frei.

Heute erklärt uns die Psychologie, dass Urvertrauen – also ein Vertrauen in sich selbst, in die Mitmenschen und in das Ganze (das man getrost auch „Gott" nennen darf) – das Fundament zur Lebensbewältigung ist. Sprich: Wer dem Leben nicht vertraut, dem gleitet es aus der Hand. Das hätte Luther gefallen ... auch wenn er es wohl anders formuliert hätte.

Liturgische Formen, musikalische Gestaltung, sprachliche Prägnanz: Gottesdienste entfalten ihren Sinn dort, wo sie dazu beitragen, dass Frauen und Männer in die Erfahrung Luthers mit hineingenommen werden: Gott öffnet den Weg von der Urangst zum Urvertrauen.

Letztlich verstand Martin Luther seine Reformen damals als notwendige Schritte, um diese lebensverändernde Botschaft besser unter die Leute zu bringen. Und ich vermute mal, dass seine Rückfrage an uns schlicht lauten würde: „Erlebt ihr, dass eure Kirche den Menschen hilft, von der Urangst zum Urvertrauen zu gelangen? Und welche Gestaltung könnte diesen Prozess heute fördern?"

Das zumindest ist es, was ich mir in meiner Kirche wünsche: Dass sie mich mit hineinnimmt in den Weg von der Urangst, die auch den Frömmsten bisweilen noch überfällt, hinein in das Urvertrauen, in dem ich mich fallen lassen kann. In Gottes Arme. Herrlich!

Fabian Vogt

Die Reformation und der Islam

Ich wohne in Kiel in der Lutherstraße. Bei jeder Rechnung oder jedem Behördenschreiben muss ich Luthers Adresse schreiben. Vielleicht ist das nicht zufällig, denn seine Sprache war kraftvoll, direkt, offen und einfach umwerfend schön. Martin Luthers Sprachgewalt ist unbestritten. Aber ich unterscheide sehr zwischen dem jungen Luther, vor dem ich größte Achtung habe, der gegen das Pfäffische auftrat, reinen Herzens kämpfte gegen all jene, die Logenplätze im Paradies verkauften und denen Armut völlig egal war. Aber der ältere Herr Luther ist mir weniger sympathisch, weil sein Zorn gegen die Mächtigen nachließ, er sich mit den Fürsten einließ oder gegen die Bauern wetterte.

Zur Zeit der Reformation sah Europa anders aus als heute. Im Jahr 1529 – also zu Lebzeiten Martin Luthers – belagerte das Osmanische Heer der Türken Wien. Für das christliche Abendland war das ein apokalyptisches Menetekel. Die Angst vor dem Islam schien real begründet. Aber Martin Luther macht hier bei aller Widersprüchlichkeit seiner Positionen eine deutliche Unterscheidung zwischen Weltlichem und Geistlichem, Glaube und Macht. Einerseits verurteilt er die militärische Expansion der Türken, andererseits warnt er davor, diesen Eroberungswillen mit dem Islam gleich zu setzen. Er setzte sich 1543 sogar dafür ein, dass der Koran in deutscher Sprache veröffentlicht wird und schrieb ein Vorwort für diese erste Ausgabe, die in Basel erschien.

Angesichts der Zuwanderung nach Deutschland und der Pluralisierung des gesellschaftlichen Lebens werden religiöse Vielfalt und religiöse Toleranz zu zentralen Herausforderungen.

Wir müssen und sollen alle am sozialen Frieden arbeiten. Es gibt ja durchaus gewisse Gemeinsamkeiten zwischen dem Christentum und dem Islam. Es kann sich niemand Muslim nennen, wenn er den gesalbten Messias Joshua, den man Jesus nennt, nicht als großen Propheten und Liebling Gottes ansieht. In der Achtung und Ehrfurcht vor Gott trifft sich unser Glaube und in der Verehrung von Jesus. Ich glaube auch, dass der Glaube des Muslim und der Glaube des Christen immer wieder eine persönliche Herausforderung an das Leben stellt. Der Glaube ist keine Wellness-Oase. Wenn man glaubt, geht es einem ja nicht automatisch gut. Natürlich sollten wir bei den Gemeinsamkeiten nicht harmoniesüchtig werden. Es gibt keine Dreifaltigkeit im Islam und wir finden diese Theologie geradezu absurd. Da gibt es Unvereinbarkeiten, die wir nicht zudecken sollten. Die Unterschiede sollten uns aber im Alltag nicht hindern, respektvoll miteinander umzugehen.

Nach meiner Einschätzung tun die christlichen Konfessionen bereits viel, um das Verhältnis zu verbessern. Es gibt unzählige Begegnungen zwischen Christen und Muslimen, in denen es sehr entspannt zugeht und in denen die Christen vielfach eine verständnisvolle Haltung einnehmen, die ich mir auch von meiner Religion wünsche.

Wer sich als deutscher Muslim begreift, für den ist Deutschland Heimat. Diese innere Einstimmung auf dieses wunderbare Land macht den Glauben praktikabel. Wer hier das Gefühl der Ausgesetztheit nicht überwinden kann, bleibt ein Fremder. Inzwischen lebt die dritte Generation von Muslima und Muslimen in Deutschland. Und es entwickelt sich langsam aber stetig vor allem in den Moscheenverbänden eine Haltung, die sich in ein Bekenntnis übersetzen lässt: Wir sind deutsche Muslime. Die Verbindung zwischen der offenen Kultur Deutschlands mit dem Islam drängt alles zurück, was

als Bedrohung, was als Islamophobie bezeichnet werden kann. Tage der offenen Türen tragen zum gegenseitigen Verständnis bei. Die Moscheenverbände weisen Aufwiegler ab, suchen den Kontakt zu den christlichen Kirchen, geben Hass und Hasspredigern keinen Boden mehr. Das ist eine erfreuliche Entwicklung, die wir unterstützen müssen.

Der Fluch des Islam ist sein Traditionalismus. Den müssen wir überwinden. Das ist unsere vordringlichste Aufgabe als deutsche Muslime. Für unseren Glauben ist nicht wichtig, was in Saudi-Arabien oder im Iran passiert. Der einfache Muslim, der in Deutschland arbeitet, möchte hier seinen Glauben leben und sich nicht vorschreiben lassen, wie er das machen muss. Diesen deutschen Muslimen müssen wir eine Stimme geben, die in der Welt gehört wird. Die Emanzipation vom Traditionalismus ist im Gange und wir müssen diesen Prozess unterstützen. Ich setze dabei auf die vielen starken Frauen, die sich als Muslima in Deutschland emanzipieren konnten, die in allen Bereichen des Lebens großartige Arbeit machen, die geradezu das Leben in den muslimischen Familien revolutionieren. Denn sie sind es, die dem Traditionalismus mit ihrem eigenen Leben entgegentreten können. Frauen stehen dafür, dass die Entwicklung von der Grobheit zur Feinheit gehen muss. Ich setze weniger auf die jungen Männer als auf die Frauen, die einen viel intensiveren Bezug zum normalen Alltag haben. Damit wir in Deutschland gut leben können und unseren Glauben frei ausüben können, daran müssen die Muslime selbst arbeiten. Und wer hier Hass predigt, den müssen wir in die Schranken weisen.

Ich träume gelegentlich vom Zusammenleben christlicher und muslimischer Völker ohne Angst voreinander, ohne Ressentiments, ohne Missverständnisse, ohne Hass und Gewalt - und fast scheint es mir, dass dieser Traum nur in Deutschland möglich sein kann. Sanftmut, Schönheit und Glaubensstärke mögen uns auf diesem Weg begleiten.

Der evangelischen Kirche sage ich einen herzlichen Glückwunsch zum 500. Jahrestag der Reformation. Gesegnet seien die Christen!

Feridun Zaimoglu

Sitzen als Luther

Vor etwa zwei Jahren sprach mich Harald Birck nach einer Lesung in Karlsruhe an, ob ich Lust hätte, ihm für eine Kopfstudie Luthers Modell zu sitzen. Spontan sagte ich Ja, und ein halbes Jahr später besuchte ich ihn in seinem Berliner Atelier, das über und über mit fertigen und unfertigen Büsten, Werkmaterial, Bildern, Zeitungsausschnitten und anderen Dingen gefüllt war. Es gab kaum Platz zum Sitzen. Mit ein, zwei Handgriffen räumte Harald einen Barhocker frei, ließ mich nach Positionen suchen und begann dann übergangslos zu modellieren.

Warum ausgerechnet mein Kopf für Luther? Wahrscheinlich habe ich den passenden Dickschädel, um lautstark an die Wittenberger Kirchentore zu donnern.

Es war das zweite Mal, dass ich für einen Künstler Porträt saß. Die erste Arbeit war eine Zeichnung von Pjotr Nathan und sie hängt im Treppenhaus der Hamburger Kunsthalle als Teil seiner Installation „Der verfluchte Garten".

Bei Harald Birck durfte ich Zeuge sein, wie in wenigen Stunden eine Büste entstand, die sich in mein eigenes und Luthers Abbild verwob. Es war faszinierend – ähnlich wie beim Schauspiel. Ich blieb in meiner Person und verwandelte mich gleichzeitig in den gewünschten Kirchenreformator. Lag es an den Gesprächen, die wir während der Aktion führten? Über Gott und die Welt, über Musik und Essen, über Politik und Religion, über die sieben Todsünden und wie wir sie anwenden.

Martin Luther hätte seine Freude daran gehabt.

Danke, Harald.

Gustav Peter Wöhler

10–13: Eine Strafe darf nicht für die Zeit nach dem Tod ausgesprochen werden.

Autoren und Autorinnen

Heinrich Bedford-Strohm, Jahrgang 1960, Prof. Dr. theol., ist seit 2011 Landesbischof der Evangelisch-Lutherischen Kirche in Bayern und seit 2014 Vorsitzender des Rates der Evangelischen Kirche in Deutschland. Zuvor war er an der Universität Bamberg Professor für Systematische Theologie und theologische Gegenwartsfragen.

Harald Birck, Jahrgang 1960, studierte von 1982–1987 an der Staatlichen Akademie der Bildenden Künste in Karlsruhe bei Klaus Arnold und machte seinen Abschluss als Meisterschüler. In den 90er-Jahren entstanden während mehrerer Aufenthalte im Jemen erste Plastiken von Arbeitern und Fischern. Austellungen und Projekte führten Harald Birck u.a nach Norwegen und Slowenien. Birck lebt und arbeitet in Berlin, Marval (Frankreich) und Fahretoft (Nordfriesland).

Günter Brakelmann, Jahrgang 1931, Prof. Dr. theol., hat evangelische Theologie, Geschichte und Sozialwissenschaften studiert. Von 1972–1996 war er Professor für Christliche Gesellschaftslehre und Zeitgeschichte an der Evangelischen Fakultät der Ruhr-Universität Bochum. Brakelmann, der in verschiedenen Gremien der westfälischen Landeskirche, der Evangelischen Kirche in Deutschland und der SPD tätig war, war auch Mitglied verschiedener Gremien des Westdeutschen Rundfunks und des Programmbeirats für das Erste Deutsche Fernsehen.

Bazon Brock, Jahrgang 1936, Denker im Dienst und Künstler ohne Werk, ist emeritierter Professor am Lehrstuhl für Ästhetik und Kulturvermittlung an der Bergischen Universität Wuppertal. Er entwickelte die Methode des »Action Teaching«, bei dem der Seminarraum zur Bühne für Selbst- und Fremdinszenierungen wird. Er repräsentiert das „Institut für theoretische Kunst, Universalpoesie und Prognostik" und ist Gründer der Denkerei/Amt für Arbeit an unlösbaren Problemen und Maßnahmen der hohen Hand mit Sitz in Berlin.

Arnd Brummer, Jahrgang 1957, ist Chefredakteur und geschäftsführender Herausgeber von „chrismon". Nach einem Tageszeitungsvolontariat arbeitete er als Kultur- und Politikredakteur bei mehreren Tageszeitungen, leitete eine Radiostation und berichtete aus der damaligen Bundeshauptstadt Bonn als Korrespondent über Außen-, Verteidigungs- und Gesellschaftspolitik. Seit seinem Wechsel zum „Deutschen Allgemeinen Sonntagsblatt", dem Vorgänger von „chrismon" im Jahr 1991, widmet er sich zudem grundsätzlichen Fragen zum Verhältnis von Kirchen und Staat sowie Kirche und Gesellschaft. Seine besondere Aufmerksamkeit gilt kulturwissenschaftlichen und religionssoziologischen Themen. Brummer schrieb ein Buch über die Reform des Gesundheitswesens, ist Herausgeber und Autor mehrerer Bücher mit Kolumnen und Essays.

Peter Burkowski, Jahrgang 1958, Dr. theol., ist Pfarrer und Geschäftsführer der Führungsakademie für Kirche und Diakonie in Berlin. Studium der Theologie und Pädagogik, Pfarrer in Marl, Superintendent im Kirchenkreis Recklinghausen, Gemeinde- und Organisationsberater, Mitglied der Kirchenleitung der Evangelischen Kirche von Westfalen, beteiligt an kirchlichen Reform- und Entwicklungsprozessen; Schwerpunkte: Sozialethik, Nachhaltigkeit, Kirchenentwicklung, Theologie und Organisationsentwicklung.

Alfred Buß, Jahrgang 1947, Dr. h.c., Präses i.R. der Evangelischen Kirche von Westfalen; 2004 wurde er als Nachfolger von Manfred Sorg zum Präses der Evangelischen Kirche von Westfalen gewählt und war damit leitender Geistlicher dieser Landeskirche, was dem Amt des Bischofs in anderen Landeskirchen entspricht. Er ist derzeit Beiratsvorsitzender des Martin Luther Forums Ruhr, außerdem Vorstandsvorsitzender der Stiftung „Umwelt und Entwicklung NRW" sowie Sprecher von „Wort zum Sonntag".

Malu Dreyer, Jahrgang 1961, studierte zunächst Anglistik und Theologie, wechselte dann aber zum Fachbereich Rechtswissenschaften. Von 1997 bis 2002 war Malu Dreyer Dezernentin für Soziales, Jugend und Wohnen der Stadt Mainz. Der damalige Ministerpräsident von Rheinland-Pfalz, Kurt Beck, holte sie im Jahr 2002 in sein Kabinett als Ministerin für Arbeit, Soziales, Familie und Gesundheit. Das Ministerium wurde auch nach den Landtagswahlen in 2006 und 2011 von Malu Dreyer geführt. Im Januar 2013 wurde Malu Dreyer einstimmig von den Regierungsfraktionen SPD und Grüne zur Ministerpräsidentin von Rheinland-Pfalz gewählt.

Gundula Gause, Jahrgang 1965, ist TV-Journalistin und Nachrichtenmoderatorin sowie vielfältig ehrenamtlich engagiert. Bekannt ist Gundula Gause aus Sendungen wie „heute" (1989–1993) und dem „morgenmagazin" (1992–1998). Seit 1993 arbeitet sie als Nachrichtenmoderatorin in der Redaktion des „heute-journal". Für ihr ehrenamtliches Engagement wurde sie 2013 mit dem Bundesverdienstkreuz ausgezeichnet. Die Unterstützung Afrikas gemeinsam mit dem katholischen Hilfswerk „missio" liegt ihr ebenso am Herzen wie die Stiftung der Evangelischen Kirche in Hessen und Nassau.

Hermann Gröhe, Jahrgang 1961, Rechtsanwalt (Zulassung ruht), ist seit 2013 Bundesminister für Gesundheit und vertritt seit 1994 den Wahlkreis „Neuss I" als Mitglied des Deutschen Bundestages. Zudem war Gröhe Generalsekretär der CDU Deutschlands (2009–2013) und Staatsminister bei der Bundeskanzlerin (2008–2009). Er gehörte von 1997 bis 2009 dem Rat der Evangelischen Kirche in Deutschland (EKD) an und ist seit 1997 Mitglied der Synode der EKD. Gröhe ist verheiratet und Vater von vier Kindern.

Reimer Gronemeyer, Jahrgang 1939, Dr. theol. und Dr. rer. soc., ist Professor em. für Soziologie an der Justus-Liebig-Universität Gießen. In den letzten Jahren Forschungsprojekte zum Thema Hospizdienste und Palliative Care in Europa, Demenz und Kommune; Fragen des Alters und Beziehungen zwischen den Generationen. Reimer Gronemeyer ist Vorsitzender des Vorstandes der „Aktion-Demenz – Gemeinsam für ein besseres Leben mit Demenz" und Vorstandsvorsitzender des gemeinnützigen Vereins Pallium e.V., der sich für soziale Kinder-Projekte in Namibia engagiert.

Jannika Haupt, Jahrgang 1982, hat evangelische Theologie und Geschichte studiert. Von 2009–2014 war sie als wissenschaftliche Mitarbeiterin in der Systematischen Theologie der Evangelischen Fakultät der Ruhr-Universität Bochum tätig. Derzeit arbeitet sie im Schuldienst an der Evangelischen Gesamtschule Gelsenkirchen Bismarck. Seit seiner Gründung begleitet sie die inhaltliche Arbeit des Martin Luther Forums Ruhr in Gladbeck und ist seit Anfang 2015 Kuratorin der hier installierten Dauerausstellung „Reformation und Ruhrgebiet".

Margot Käßmann, Jahrgang 1958, Prof. Dr. Dr. h.c., wurde 1985 ordiniert, war als Pfarrerin und Generalsekretärin des Deutschen Evangelischen Kirchentages tätig. 1999 bis 2010 war die vierfache Mutter Landesbischöfin der Evangelisch-Lutherischen Landeskirche Hannovers, 2009/2010 Vorsitzende des Rates der EKD. Derzeit ist sie Botschafterin für das Reformationsjubiläum 2017.

Julia Klöckner, Jahrgang 1972, absolvierte nach ihrem Studium der Theologie, Politikwissenschaft und Pädagogik ein journalistisches Volontariat und arbeitete als freie Mitarbeiterin beim SWR und als Chefredakteurin beim Meininger Verlag. Heute ist sie Fraktions- und Landesvorsitzende der CDU Rheinland-Pfalz, stellvertretende Bundesvorsitzende sowie Leiterin der Nachhaltigkeitskommission der CDU Deutschlands. Von 2002–2011 war sie Mitglied des Deutschen Bundestages.

Hannes Langbein, Jahrgang 1978, ist nach einem Studium der Evangelischen Theologie in Heidelberg, Zürich, Princeton und Berlin sowie Referententätigkeit im Kulturbüro des Rates der Evangelischen Kirche in Deutschland Pfarrer an der Kulturstiftung der Evangelischen Kirche in Berlin-Brandenburg-schlesische Oberlausitz St. Matthäus in Berlin. Er ist Redakteur der ökumenischen Quartalszeitschrift „kunst und kirche" und Vorstandsmitglied der Gesellschaft für Gegenwartskunst und Kirche „Artheon".

Arne Lietz, Jahrgang 1976, ging nach dem Abitur zum Zivildienst in die USA und studierte danach Geschichte, Politik und Pädagogik an der Humboldt-Universität zu Berlin und der University of Cape Town (Südafrika). Von 2007–2009 war er Mitarbeiter des Bundestagsabgeordneten Engelbert Wistuba in Berlin. Seit 2008 Mitglied der SPD und seit 2012 Kreisverbandsvorsitzender für Wittenberg. Von 2010–2014 war Lietz Referent des Oberbürgermeisters der Lutherstadt Wittenberg, seit Juli 2014 ist er Abgeordneter des Europäischen Parlaments.

Ulrich Lilie, Jahrgang 1957, studierte Theologie in Bonn, Göttingen und Hamburg und wurde 1989 zum Pfarrer ordiniert. Nach mehreren Stationen als Gemeindepastor und Pastor im Sonderdienst wurde er 2011 Theologischer Vorstand der Graf Recke Stiftung Düsseldorf. Seit Juli 2014 ist er Präsident der Diakonie Deutschland und stellvertretender Vorsitzender des Evangelischen Werkes für Diakonie und Entwicklung e.V.

Klaus-Rüdiger Mai, Jahrgang 1963, Dr. phil., studierte Germanistik, Geschichte und Philosophie an der Martin-Luther-Universität Halle-Wittenberg. Er lebt als Schriftsteller in der Nähe von Berlin. Sein Interesse gilt den religiösen Kulturen und der europäischen Geschichte, insbesondere der Zeit der Renaissance und des Barocks. In den Biografien „Martin Luther. Prophet der Freiheit" und „Dürer. Das Universalgenie der Deutschen" ließ er im Spiegel der Lebensgeschichte des Reformators und des Künstlers die Umbruchzeit des Spätmittelalters und der frühen Neuzeit lebendig werden.

Harald Martenstein, Jahrgang 1953, studierte nach dem Abitur Geschichte und Romanistik in Freiburg. Heute arbeitet er als Autor und Journalist. Er betreut im „ZEITmagazin" die Kolumne „Martenstein" und ist außerdem Redakteur für den Berliner „Tagesspiegel". 2004 wurde er mit dem Egon-Erwin-Kisch-Preis geehrt.

Ursula Ott, Jahrgang 1963, ist Chefredakteurin von „chrismon" und evangelisch.de. Sie studierte Journalistik und Politik in München und Paris, arbeitete bei „Die Woche", „Emma" und „Brigitte" und erhielt für ihr journalistisches Schaffen zahlreiche Auszeichnungen. In der edition chrismon erschien von ihr „Was Liebe aushält. Sieben wahre Geschichten". Sie ist verheiratet und lebt in einer Patchworkfamilie. www.ursulaott.de

Daniel Penschuck, Jahrgang 1966, hat Linguistik und Kunst studiert. Er lebt seitdem in Oldenburg als freier und angewandter Grafiker, Fotograf und Künstler. In den Neunzigerjahren betrieb er in Oldenburg die Produzentengalerie Karg, arbeitete bei Christo & Jeanne-Claude bei der Berliner Reichstagsverhüllung. Seine Auftritte und Performances haben oft mediale Verführung oder die Benachteiligung prekärer Gruppen der Gesellschaft zum Thema.

Andreas Pitz, Jahrgang 1960, ist Dipl.- Sozialarbeiter und hat 20 Jahre die Wohnungslosenhilfe der Diakonie Mainz verantwortet. Seit 2005 ist er auf Landes-und Bundesebene im Bereich der Öffentlichkeitsarbeit tätig. Er hat für die Diakonie Hessen und die Diakonie Deutschland mehrere viel beachtete Wanderausstellungen mit zeitgenössischer Kunst zu sozialen Themen kuratiert. Andreas Pitz lebt und arbeitet als freier Kurator und Autor in Nierstein am Rhein.

Stefan Rhein, Jahrgang 1958, Dr. phil., ist seit 1998 Vorstand und Direktor der Stiftung Luthergedenkstätten in Sachsen-Anhalt. Die Stiftung betreut die reformationsgeschichtlichen Museen Lutherhaus und Melanchthonhaus in Wittenberg, Luthers Geburtshaus und Sterbehaus in Eisleben und Luthers Elternhaus in Mansfeld. Ab 2007 baute er die staatliche Geschäftsstelle „Luther 2017" zur Koordination der bundesweiten Aktivitäten des Reformationsjubiläums auf. Von Ausbildung ist er Klassischer Philologe und hat seine Dissertation über „Melanchthons griechische Gedichte" geschrieben. Seine wissenschaftlichen Beiträge widmen sich Protagonisten der Wittenberger Reformation wie z. B. Philipp Melanchthon, Martin Luther, Paul Eber und Johannes Stigel.

Johannes Schilling, Jahrgang 1951, Dr. theol. Dr. phil., ist Professor für Kirchengeschichte an der Theologischen Fakultät der Christian-Albrechts-Universität zu Kiel und seit 1999 Präsident der Luther-Gesellschaft. Von 2009–2014 war er Vorsitzender des Wissenschaftlichen Beirats für das Reformationsjubiläum, dem er weiterhin angehört. Er ist auch Präsident des 13. Internationalen Lutherforschungskongresses, der 2017 in Wittenberg stattfinden wird.

Bernd Schlüter, Jahrgang 1969, Prof. Dr. jur., studierte u.a. Rechtswissenschaften in Mainz, Genf und an der Humboldt-Universität zu Berlin. Rechtshistorische Dissertation bei Bernhard Schlink. 2000–2009 Juristischer Vorstand der Diakonie Hessen, dann sozialpolitischer Vorstand der Diakonie Deutschland. Anschließend Professor an der Katholischen Hochschule Berlin und Rechtsanwalt. Für die Bundesarbeitsgemeinschaft der freien Wohlfahrtspflege im Europäischen Wirtschafts- u. Sozialausschuss. Er ist Landessynodaler der Evangelischen Kirche Berlin-Brandenburg-schlesische Oberlausitz. In Brandenburg und Berlin gestaltet und organisiert er regelmäßig Konzerte. Als Kurator der Kulturstiftung der Berlin-brandenburgischen Landeskirche schlägt er auch eine Brücke in weitere künstlerische Bereiche.

Nora Steen, Jahrgang 1976, ist evangelisch-lutherische Pfarrerin in der deutschen Auslandsgemeinde in Lissabon. Sie studierte evangelische Theologie in Leipzig, Berlin und Göttingen, arbeitete in Indien, in der Schweiz und in Hildesheim. Neben der klassischen Gemeindearbeit hat sie kirchliche Kulturarbeit gemacht und ein Haus der Stille in einem evangelischen Kloster geleitet. Bis Ende 2015 war sie Sprecherin von „Wort zum Sonntag" in der ARD. Sie ist verheiratet und Mutter zweier Töchter.

Frank Walter Steinmeier, Jahrgang 1956, hat Rechts- und Politikwissenschaften studiert und war anschließend Wissenschaftlicher Mitarbeiter an der Uni Gießen. Es folgten mehrere berufliche Stationen u.a. als Leiter der Niedersächsischen Staatskanzlei. 1999 wurde er Chef des Bundeskanzleramts, 2005–2009 war er Bundesaußenminister, ab 2007 zusätzlich Vizekanzler. Seit Dezember 2013 bekleidet er das Amt des Bundesaußenministers erneut.

Harald Stenger, Jahrgang 1951, war von 1970 bis 2001 Sportjournalist der Frankfurter Rundschau und von 2001 bis 2012 Pressesprecher der deutschen Fußball-Nationalmannschaft. Heute ist er als Medienberater und freier Journalist tätig.

Fabian Vogt, Jahrgang 1967, Dr. theol., ist Theologe und Schriftsteller. Er entwickelt für die Evangelische Kirche in Hessen und Nassau Kommunikationsprojekte zum Reformationsjubiläum – wenn er nicht gerade schreibt oder als Kabarettist auf der Bühne steht (Duo Camillo). Unter anderem nähert er sich der Dynamik Martin Luthers in seinen Romanen „2017. Die neue Reformation" und „Wenn Engel lachen. Die unverhoffte Liebesgeschichte der Katharina von Bora". Er lebt im schönen Vordertaunus bei Frankfurt.

Gustav Peter Wöhler, Jahrgang 1956, ging nach seiner Ausbildung an der Westfälischen Schauspielschule Bochum 1981 an das Schauspielhaus Bochum bei Claus Peymann. 1982 wechselte er ans Deutsche Schauspielhaus Hamburg. Hier war er 14 Jahre Ensemblemitglied. Seit 1996 ist er als freier Schauspieler am Theater, in der Oper, in TV und Kino. Seit gut 15 Jahren tourt der leidenschaftliche Sänger und Musikfan zudem mit seiner Band als Frontmann.

Feridun Zaimoglu, Jahrgang 1964, wurde in der Türkei geboren und lebt seit seinem ersten Lebensjahr in Deutschland, seit 1984 in Kiel. Er studierte Kunst und Humanmedizin und wurde in Deutschland und darüber hinaus vor allem als Schriftsteller, Drehbuchautor, Dramatiker und Journalist bekannt. Er ist „Gründer" und spiritueller Leader von „Kanak Attack". Feridun Zaimoglu wurde mit zahlreichen Preisen ausgezeichnet. Sein Wirken für die Toleranz und Verständigung zwischen den Kulturen und Religionen macht ihn zu einem begehrten Interviewpartner im In- und Ausland.

Torsten Zugehör, Jahrgang 1972, hat Rechtswissenschaften an der Universität Leipzig studiert und wurde nach verschiedenen beruflichen Stationen 2009 zum Bürgermeister der Lutherstadt Wittenberg gewählt. Seit Juli 2015 ist er deren Oberbürgermeister. Torsten Zugehör ist verheiratet und hat drei Kinder.

Verzeichnis der Kunstwerke

20	Martin Luther	
	Pastellkreide auf Rives	64 x 45 cm
21	Luther im Schnee	
	Pastellkreide/Tusche auf Pappe	21 x 22 cm
22	Martin Luther	
	Pastellkreide/Tusche auf Pappe	21,8 x 22 cm
25	o.T.	
	Lithografiekreide/Tusche auf Papier	42 x 30 cm
26	Cranach d.Ä.	
	Pastellkreide/Tusche auf Pappe	28 x 22 cm
30	Martin Luther	
	gebrannter Ton, Ölfarbe	42 x 23 x 18 cm
32	Zorniger	
	Pastellkreide/Tusche auf Pappe	27 x 17 cm
33	Martin Luther	
	gebrannter Ton, engobiert	42 x 23 x 15 cm
35	Im Wald	
	Pastellkreide/Tusche auf Pappe	21 x 19 cm
36	Luther/Marval	
	gebrannter Ton, Ölfarbe	22 x 23 x18 cm
38	Martin Luther mit Thesen	
	gebrannter Ton, engobiert	48 x 23 x 17 cm
41	Luther gestikulierend mit Buch	
	Tusche auf Pappe	42 x 28 cm
42	Sitzender I	
	gebrannter Ton, engobiert	34 x 32 x 19 cm
45	Luther mit Gefäß	
	gebrannter Ton	45 x 30 x 17 cm
46	Sitzender II	
	Pastellkreide/Tusche auf Pappe	22 x 25 cm
49	Sitzender III	
	gebrannter Ton, engobiert	26 x 16 x 13 cm
50	Martin Luther Kopfstudie	
	Pastellkreide/Tusche auf Pappe	42 x 46 cm
52	Der Anschlag	
	Pastellkreide/Tusche auf Pappe	30 x 21 cm
53	Renaissancefigur	
	gebrannter Ton, Wachs, Ölfarbe	37 x 18 x 15 cm
59	Luther auf der Kanzel	
	Tusche auf Pappe	43 x 21,2 cm
61	Im Gespräch	
	Pastellkreide/Tusche auf Pappe	37 x 21 cm
62	o.T.	
	gebrannter Ton, engobiert	38 x 22 x 12 cm
76	Der alte Luther	
	Pastellkreide auf Rives	45 x 54 cm
77	Luthers Tisch	
	Pastellkreide/Tusche auf Pappe	30 x 21 cm
78	Luther, 1. Maquette	
	gebrannter Ton	40 x 19 x 13 cm
81	Studie, sitzende Figur	
	Pastellkreide/Tusche auf Pappe	32 x 21 cm
82	o.T.	
	Pastellkreide/Tusche auf Pappe	38 x 22 cm
86	o.T.	
	Pastellkreide/Tusche auf Pappe	22 x 23 cm

Bildnachweis

Harald Birck
95, 103

Isa Devise
65, 67, 73, 111, 112, 113

Bettina Keller
12, 17, 108, 110, 124/125

Daniel Penschuck
Umschlagmotiv vorne,
8/9, 11, 15, 17/18, 20, 21, 22, 25,
26, 27/28, 30, 35, 37, 38, 41, 42, 45,
46, 49, 50, 52, 53, 54/55, 56, 57, 58,
59, 61, 62, 68, 70, 72, 74, 76, 77, 78,
81, 82, 85, 87, 88, 90, 93, 96, 98, 99,
101, 104, 106, 114/115, 116, 119, 120,
123, 127, 128, 131, 132, 134, 137, 138,
141, 143, 145,146/147

Der Textbeitrag von Feridun Zaimoglu
geht auf ein Gespräch zurück,
das der Theologe und Publizist
Dr. Thomas Maess mit ihm geführt
hat und in der Reihe „Orte der Reformation – Journal 8" veröffentlicht
worden ist.

Dank an

Gießerei Herweg, Berlin
Töpferei Watzek, Berlin

Impressum

Bibliografische Information der Deutschen Nationalbibliothek
Die Deutsche Nationalbibliothek verzeichnet diese Publikation in der
Deutschen Nationalbibliographie; detaillierte bibliografische Daten
sind im Internet über http://dnb.dnb.de abrufbar.

© 2016 by edition chrismon in der
Evangelischen Verlagsanstalt GmbH · Leipzig

Printed in Czech Republic

Das Buch wurde auf alterungsbeständigem Papier gedruckt.

Umschlaggestaltung Mareike Benrath

Fotografie & Postproduktion, Gestaltung und Satz
Daniel Penschuck [FEINDESIGN], Oldenburg i.O.

Lektorat und Endredaktion Andrea Langenbacher

Druck und Bindung GRASPO CZ, A.S., Zlín

ISBN 978-3-96038-005-4